KLIMAFREUNDLICH ESSEN

Klima-freundlich essen

mit der CO_2-Challenge

CHRISTIAN EIGNER

Stiftung Warentest

Klima-freundlich essen mit der CO_2-Challenge

Einleitung

6 CO_2-Bilanz: Ab sofort auf kleinerem Fuß leben
8 Klima-Challenge: Besser essen – CO_2 sparen
14 CO_2-Selbsttest

Level 1: Weniger Tierprodukte, mehr Pflanzliches!

18 Einfach mal machen: Fleischlos genießen
28 „Rinder-Abgase" treiben den Klimawandel an
30 Hülsenfrüchte: Heiße Suppe war gestern
38 Röstaromen mal anders: Mehr Grünes auf den Grill!
40 Milch und Sahne gibt's auch ohne Kuh
46 Lebensmittel-Siegel: „Bio" ist erste Wahl
48 Dinkel & Co.: Es muss nicht immer Reis sein
52 Backen und Kochen ohne Eier? Klar doch!
60 Alternative aufs Brot: Aufstrich statt Aufschnitt
66 Öle und Fette: Ein Hoch auf heimische Produkte!

Level 2: Lebensmittel aus der Region und nach Saison kaufen

71 Kurze Transportwege, wenig Energieaufwand
72 Obst und Gemüse am besten bio kaufen
76 Äpfel und Tomaten: Die unsichtbaren Emissionen
82 Beim Fleisch geht's immer auch ums Tierwohl
88 Fisch und Meeresfrüchte: Nichts für jeden Tag
92 TK-Ware nicht schlechter als andere Konserven

Level 3: Gering verarbeitete Lebensmittel wählen

95 Je weniger Zutaten und Zusätze, desto besser
96 Roh ein Genuss: Obst, Gemüse, Nüsse, Samen
102 Fix-Produkte: Selbst gemixt, Müll gespart!
106 Lunch to go: Ab in die Box statt auf die Hand
107 Coffee to go – sparen Sie sich den Einweg-Müll!

Level 4: Lebensmittel bewusst einkaufen, lagern und verwerten

115 Weniger wegwerfen – das heißt: besser planen
116 Don't call it Abfall: Clevere Hacks für Reste
124 Je öfter, desto öko! Die beste Tüte hält (fast) ewig
126 Variieren statt kopieren: Kreativ exotisch kochen
132 Rippe, Leber, Zunge – ein Fest für Entdecker
134 Ein Tier kaufen – zwei Gerichte zubereiten
136 Klimafolgen: Das müssten unsere Lebensmittel kosten

Level 5: Energiesparend und schonend zubereiten

141 Nicht zu heiß, nicht zu lange, nicht zu oft
142 Kochen und Backen mit möglichst wenig Energie
148 Geplanter Überschuss statt wilder Reste
152 Fermentieren: Wenn's blubbert und zischt
156 Cooler Sommer-Hit: Heute gibt's kalte Suppe!
160 Wasser kochen auf die effiziente Art
162 Getränke: Leitungswasser mit idealer CO_2-Bilanz
166 Backofen ausschalten – Restwärme nutzen

Anhang und Register

171 Referenzgerichte
174 Stichwortregister
175 Rezeptregister
176 Impressum

CO_2-Bilanz: Ab sofort auf kleinerem Fuß leben

11,2 Tonnen – so viel CO_2 verursacht laut Statistik jeder und jede von uns im Jahr. Das sind satte 60 Prozent über dem weltweiten Durchschnitt und 300 Prozent über dem Pro-Kopf-Wert für Indien. Nur zum Vergleich: Klimaverträglich wäre ein Fußabdruck von einer Tonne. Die ist leider noch nicht möglich – die klimafreundlichsten 10 Prozent der Deutschen liegen im Schnitt bei 7 Tonnen, während sich die 10 Prozent mit dem größten Fußabdruck 17,7 Tonnen gönnen.

Allein der „sonstige Konsum" – von Kleidung über Möbel bis Smartphone – macht 34 Prozent der Pro-Kopf-Emissionen aus. Zu annähernd gleichen Teilen fließen „Mobilität" (19 Prozent), Wohnen (18 Prozent) und Ernährung (15 Prozent) in den Fußabdruck ein – letztere mit 1,7 Tonnen CO_2 pro Kopf und Jahr. Das Ziel unserer Challenge: bewusst genießen und Emissionen einsparen! Für alle, die bislang einen großen Fußabdruck hinterlassen, ist 1 Tonne Ersparnis drin!

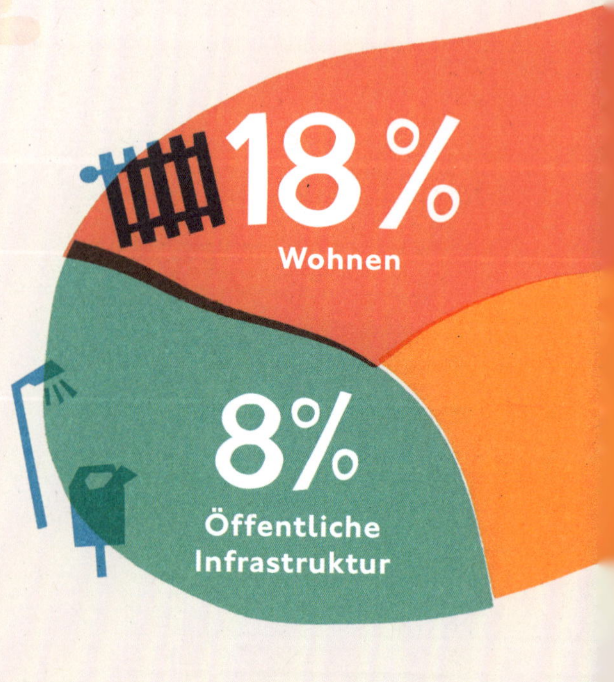

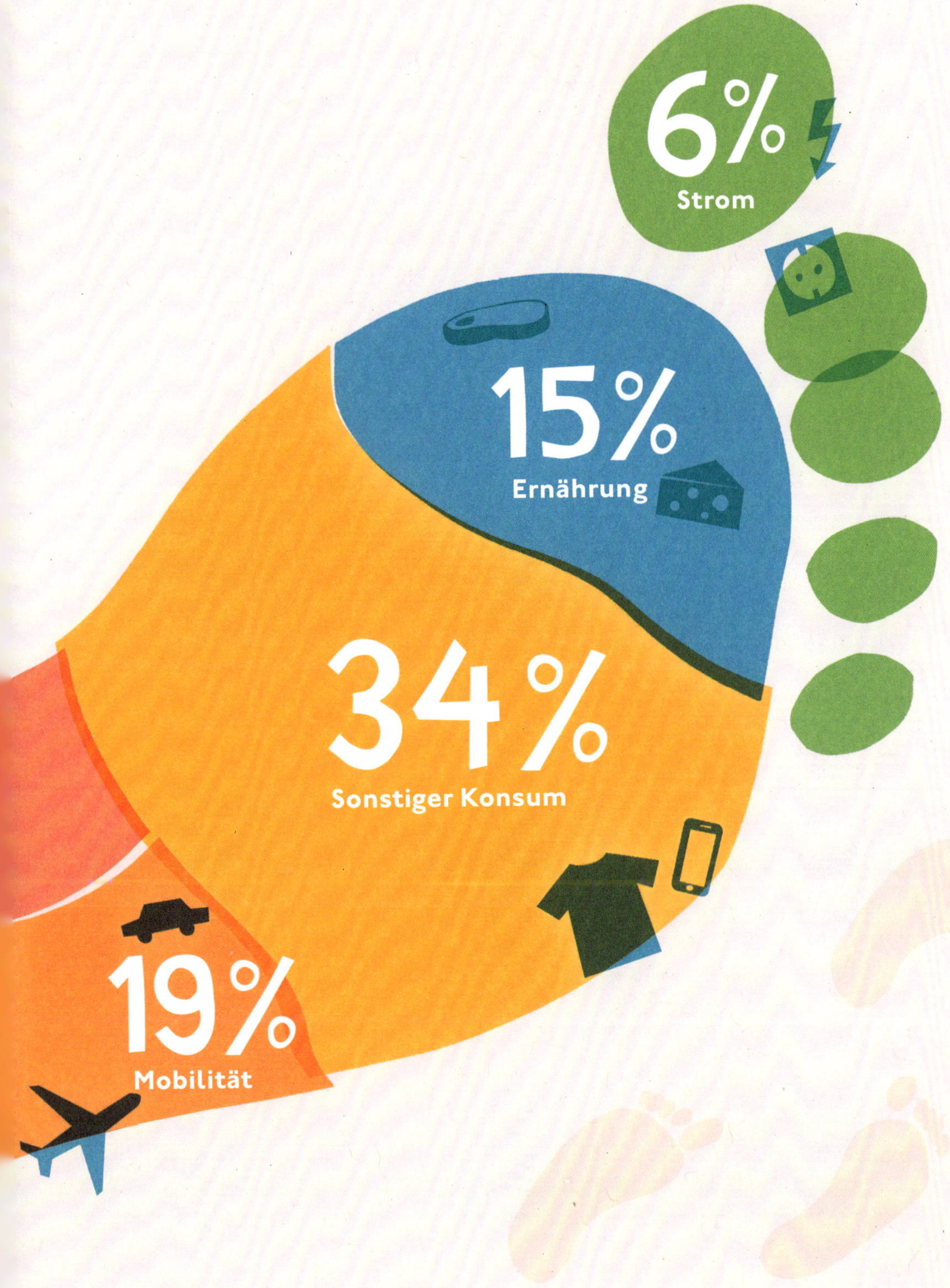
6%
Strom
15%
Ernährung
34%
Sonstiger Konsum
19%
Mobilität

CO_2-CHALLENGE
BESSER ESSEN FÜRS KLIMA

Der Klimawandel macht keine Pause. Auch wenn Corona-Pandemie und Ukraine-Krieg ihn zeitweise aus Kommentarspalten und Twitter-Trends verdrängt hatten und wir sogar kurz dachten, ein Leben im Lockdown könnte ihn bremsen. Stattdessen weiter weltweit Temperaturrekorde, abschmelzende Polkappen und Gletscher, steigende Meeresspiegel und heftige Dürren.

Immerhin taucht das Thema peu à peu wieder aus der Versenkung auf: Wissenschaftler rechnen uns vor, wie viel CO_2 wir in die Atmosphäre blasen und wie wenig Zeit bleibt, um Worst-Case-Szenarien zu verhindern. Politiker streiten sich über die Abschaffung von Verbrennungsmotoren und verlängern die Laufzeit von Gas- und Kernkraftwerken. Klimaaktivistinnen organisieren Proteste und blockieren Autobahnen. Doch obwohl es fürs Klima fünf nach zwölf ist, rauschen Daten, Fakten und Appelle an uns und unserer Komfortzone vorbei.

Entdecken Sie Ihren Kampfgeist

Schuld ist zum einen die Übersättigung mit schlechten Nachrichten. Nahezu täglich erreichen uns Bilder von Mega-Waldbränden, Monster-Stürmen und Horror-Fluten. Wollen wir nicht durchdrehen, müssen wir uns ein dickes Fell wachsen lassen. Schuld an unserer Lethargie ist leider auch die Evolution, die uns immer erst in den Kampfmodus versetzt, wenn uns der Säbelzahntiger bildlich gesprochen in die Höhle guckt. So lange er lautlos durch den Wald streift, wollen wir am liebsten gar nichts von ihm mitkriegen.

Schließlich fragen wir uns, warum ausgerechnet wir in den Kampf ziehen sollen, wenn sich zur selben Zeit Regierungen kaum auf gemeinsame Ziele einigen können, Firmen ihre Produkte ungerührt mit Millionen Tonnen an Kunststoff verpacken und der Nachbar sich schon wieder ein neues SUV gekauft hat.

Setzen Sie sich auf CO_2-Diät

Doch Sie wollen sich offenbar nicht mit dem Klimawandel abfinden, wollen nicht passiv zuschauen, wie alles den Bach runtergeht – und Sie haben dieses Buch gekauft. Das ist schon mal grandios.

Jetzt, da Sie dieses Buch in den Händen halten oder vor sich auf dem Display sehen, wissen Sie längst: Hier geht es darum, sich ab sofort klimafreundlicher zu ernähren – und die eigenen Treibhausgasemissionen zu senken.

Wie kommen Emissionen bei der Ernährung überhaupt zustande? Schließlich qualmt und stinkt es ja nicht an deutschen Esstischen. Dazu nur so viel: Jedes Lebensmittel, das im Supermarkt oder Bioladen angeboten wird, hat bereits einen CO_2-Fußabdruck hinterlassen, auf neudeutsch: „Carbon Footprint". Dieser Fußabdruck umfasst die Emissionen, die etwa bei seiner Herstellung und dem Transport zum Händler entstanden sind.

Indem wir das Steak, die Sechserpackung Eier oder die Tüte Gummibärchen kaufen, landet deren Fußabdruck in unserer persönlichen Klimabilanz. Hinzu kommen die Emissionen, die wir anschließend selbst verursachen, zum Beispiel beim Einfrieren und späteren Kochen.

Schlagen Sie den Durchschnitt

Wer CO_2 sparen will, kauft deshalb Lebensmittel mit möglichst kleinem Fußabdruck und verarbeitet diese emissionsarm – also energiesparend – weiter.

Eine Sache noch, bevor es richtig losgeht: Listet auch Ihr Energieversorger in seiner Jahresabrechnung auf, was andere Leute so verbrauchen – also der durchschnittliche Ein-, Zwei-, Drei- oder Vierpersonenhaushalt? Und haben Sie Ihren eigenen Verbrauch schon mal mit diesem Wert verglichen und sich dann vorgenommen, künftig so viel Strom zu sparen, dass Sie den Durchschnitt schlagen? Bravo, dann bringen Sie genau den richtigen Spirit mit für das, was wir vorhaben.

Denn damit uns beim klimafreundlichen Essen und Trinken nicht langweilig wird, haben wir uns die „CO_2-Challenge" ausgedacht. Wir betrachten unsere Essgewohnheiten aus ganz anderer Perspektive. Die Frage lautet: Wie viel Kohlendioxid können Sie in einem Jahr einsparen?

CO_2-ÄQUIVALENTE

Neben Kohlendioxid (CO_2) gibt es weitere vom Menschen verursachte Treibhausgase. Die wichtigsten sind Methan (CH_4), wie es bei Reisanbau und Rinderzucht entsteht, und Lachgas (N_2O) als Folge der Stickstoffdüngung in der Landwirtschaft. Alle drei tragen unterschiedlich stark zur Erderwärmung bei. Um ihre Effekte vergleichbar zu machen, hat der Weltklimarat (IPCC) das „Globale Erwärmungspotenzial" definiert. Es drückt aus, welchen Schaden ein Treibhausgas in 100 Jahren in Relation zu CO_2 anrichtet. So wirkt Methan circa 28-mal stärker, auch wenn es weniger lange in der Atmosphäre bleibt. Lachgas ist sogar fast 300-mal schädlicher. Die Maßeinheit lautet CO_2-Äquivalente (kurz: CO_2e). Der Einfachheit halber ist in diesem Buch jedoch durchgängig nur von CO_2 die Rede.

CO_2-FUSSABDRUCK

Der CO_2-Fußabdruck (engl. „Carbon Footprint"), auch CO_2-Bilanz genannt, gibt zum einen die Menge an Treibhausgas-Emissionen an, die eine Person, ein Unternehmen oder ein Land verursacht, lässt sich aber auch auf Produkte wie Kleidung und Lebensmittel beziehen – entweder auf einzelne „Lebensphasen", z. B. Herstellung, oder auf das ganze Leben.

Ein Beispiel: Der Lebenszyklus einer Tüte Tiefkühl-Pommes frites umfasst sowohl die Produktion des Düngers als auch Aussaat, Ernte und Sortierung der Kartoffeln. Anschließend werden diese gewaschen, geschält und geschnitten, blanchiert und frittiert, schockgefrostet und verpackt. Jeder Schritt verursacht Emissionen.

Ein Kühllaster transportiert die Pommes dann zum Logistikzentrum und später zum Supermarkt. Dort legt sie irgendwann ein Kunde auf das Band an der Kasse. Ein wichtiger Moment, denn die Kasse bildet eine „Systemgrenze": Die bis hierher entstandenen Treibhausgas-Emissionen kauft der Kunde quasi mit. Was ab jetzt in Sachen CO_2-Bilanz mit den Pommes passiert, kann er durch sein Verhalten beeinflussen. Also: Ist er mit dem Auto oder dem Fahrrad zum Einkaufen gekommen? Wie lange lagert er die Pommes in seiner Gefriertruhe? Schiebt er die 750 Gramm auf einmal in den Backofen oder heizt er diesen mehrmals auf? Kurzum: Was passiert, bis die Pommes auf dem Teller liegen?

Wichtig: Die CO_2-Fußabdrücke für Lebensmittel in diesem Buch beziehen sich auf die Systemgrenze Supermarktkasse.

Bei der Gelegenheit: Mit „Kohlendioxid" sind in diesem Buch immer Kohlendioxid-Äquivalente (CO_2-e) gemeint. Was das bedeutet? Ganz einfach: Wenn eine Kuh pupst, entsteht kein CO_2, sondern Methan. Um dessen Klimaeffekt mit dem von CO_2 vergleichen zu können, wird die Menge an Methan, die die Kuh produziert, in die entsprechende Menge CO_2 umgerechnet. Dasselbe gilt für andere Treibhausgase.

Genießen Sie – aber klimafreundlich

Wir haben unsere Challenge in fünf Level gegliedert und jedem ein Kapitel gewidmet. Der Inhalt orientiert sich an den Grundsätzen nachhaltiger Ernährung, wie sie der Ernährungsökologe Dr. Karl von Koerber aufstellte. Die Level sind wie folgt überschrieben: „Weniger Tierprodukte, mehr Pflanzliches!", „Lebensmittel aus der Region und nach Saison kaufen", „Gering verarbeitete Lebensmittel wählen", „Lebensmittel bewusst einkaufen, lagern und verwerten" und „Energiesparend und schonend zubereiten". Sie können die Level nacheinander abarbeiten oder aber mehrere zugleich anpacken.

Verteilt über die Kapitel – und passend zum jeweiligen Thema – finden Sie 45 eigens für dieses Buch entwickelte Rezepte. Alle sind klimafreundlich, leicht zuzubereiten und vor allem: mega-lecker! Das heißt nicht, dass es hier nur vegetarisch oder gar vegan zugeht – doch wo immer möglich, haben wir tierische Zutaten ersetzt oder ihren Anteil reduziert.

Viele Rezepte basieren auf bekannten Originalen, wie die Pilzbuletten, das Sommer-Chili mit Mais und der vegane Kaiserschmarren. Andere sind von vornherein vegetarisch oder vegan – und in jedem Fall eine Entdeckung wert. Sie sind noch nicht überzeugt? Dann versuchen Sie mal die Rote-Bete-Quiche, den Winter-Veggie-Wok oder den Curry-Linsen-Aufstrich.

Notieren Sie, wie viel Sie einsparen

Zu jedem Rezept finden Sie den „Carbon Footprint" pro Portion und, wann immer sinnvoll, auch die CO_2-Einsparung gegenüber dem Original – ebenfalls pro Portion. Sofern Sie bislang das Original zubereitet haben, können Sie die Einsparung direkt in Ihrer CO_2-Bilanz verbuchen. Die Emissionswerte für die Zutaten stellte uns die Firma Eaternity (eaternity.org) zur Verfügung.

Die längeren und kürzeren Texte in den einzelnen Kapiteln sind zu Themen zusammengefasst. Neben wichtigen Zusammenhängen und Hintergrundinfos finden Sie darin jede Menge alltagsnahe und einfach umsetzbare Tipps – viele ebenfalls garniert mit konkreten Einsparungen. Meist tauchen diese in der Rubrik „Booster für die CO_2-Bilanz" am Rand einer Seite auf. Die jeweilige Einsparung haben wir in der Regel auf ein Jahr hochgerechnet – denn wir wollen ja nicht nur einmal sparen, sondern den Klimaschutz zur Gewohnheit machen.

Variante 1: Abgespeckte Klima-Diät

Analog zum Körpergewicht zu Beginn einer herkömmlichen Diät wählen wir als Ausgangspunkt für die Challenge unseren CO_2-Fußabdruck im Bereich Ernährung. Im Schnitt liegt dieser bei 1,7 Tonnen CO_2 im Jahr. In diesen Wert fließt neben Fleischkonsum und Einkaufsverhalten auch ein, ob wir uns im Alltag viel oder wenig bewegen. Doch wie gesagt: Die 1,7 Tonnen sind ein statistischer Wert. Während dieser bei Zeitgenossen, die am liebsten Currywurst, Steak und Käse essen, bei über zwei Tonnen liegen dürfte, verursacht ein Vegetarier, der ausschließlich saisonale, regionale Bioprodukte kauft, rund 1,2 Tonnen CO_2 – eine Veganerin weniger als eine Tonne.

Wo Sie selbst liegen, ermitteln Sie mit dem CO_2-Rechner des Umweltbundesamtes auf uba.co2-rechner.de. Dort klicken Sie unter „Meine CO_2-Bilanz" einfach auf den Reiter „Ernährung" und dann auf die entsprechenden Kästchen.

Wer will, startet mit dem so ermittelten Wert zunächst eine „kleine" Klima-Diät –

FLÄCHENFUSSABDRUCK

Obwohl 44 Prozent (16,1 Mio. ha) der Fläche Deutschlands landwirtschaftlich genutzt werden, belegen wir zusätzliche Flächen im Ausland. Laut WWF werden dort auf 5,5 Mio. ha Nahrung und Futter für den deutschen Markt produziert. Die Hälfte der Flächen liegt in Argentinien, Brasilien und Paraguay. Der gesamte Pro-Kopf-Flächenverbrauch liegt bei 2 397 Quadratmetern – 27 Prozent davon im Ausland. Von diesen 2 397 Quadratmetern entfallen 1 621, also rund zwei Drittel, auf Fleisch- und Milchprodukte. Danach folgen Getreideprodukte mit relativ bescheidenen 231 Quadratmetern pro Kopf. Neuerdings geht man wie beim CO_2-Fußabdruck dazu über, Äquivalente zu bilden, indem man neben der Größe von Flächen auch deren Qualität in die Berechnungen einbezieht.

indem er seinen Fleischkonsum verringert und gezielt auf regionale, saisonale Bioprodukte setzt. Schon mit dieser abgespeckten Variante können Sie jede Menge bewirken, zählt doch gerade der Fleischkonsum zu den „Big Points" – also den Bereichen, in denen sich am meisten für Umwelt und Klima erreichen lässt. Infos und Spartipps dazu finden Sie in Level 1 und 2.

Variante 2: Vollständige Klima-Diät

Sie wollen gleich das volle Programm? Bitteschön. Die „große" Variante unserer Challenge bezieht weitere Faktoren ein, zum Beispiel die zum Einkaufen genutzten Verkehrsmittel, die Verpackung von Lebensmitteln, das Vermeiden von Abfällen im Haushalt und das energiesparende Lagern und Zubereiten.

Für alle, die sich für diese Variante entscheiden und möglichst viel CO_2 sparen wollen, haben wir einen Selbsttest entwickelt, den Sie auf der folgenden Doppelseite finden. Mit seiner Hilfe analysieren Sie in ein paar Minuten Ihr Einkaufsverhalten, Sie erfahren, wo Sie beim Sparen ansetzen können, und finden die Bereiche mit dem größten Einsparpotenzial.

Wer schafft eine ganze Tonne?

So gewappnet können Sie ganze Kapitel oder einzelne Themen ansteuern und die dort genannten Einspartipps umsetzen. Damit Sie sich im Info-Dschungel nicht verlaufen, setzen Sie sich am besten konkrete Ziele. Welche Bereiche wollen Sie anpacken und wie viel CO_2 einsparen?

Auch für unsere Challenge gilt: Falsche Bescheidenheit schadet nur! Warum nicht versuchen, eine ganze Tonne CO_2 einzusparen? Ein anderes Ziel könnte lauten, Ihren Ausgangswert laut CO_2-Rechner so weit wie möglich zu drücken. Sie können sich auch Gleichgesinnte suchen und mit ihnen in Wettbewerb treten. Nach dem Motto: Jede für sich spart CO_2 – alle gemeinsam schützen das Klima.

Schummeln ab und zu erlaubt

Das alles ist ganz schön anspruchsvoll – und nicht jeder wird es schaffen, jeden Tag zu 100 Prozent konsequent zu sein. Doch Burger, Steak und Käseplatte sind schlecht für die persönliche Bilanz. Damit wir uns die nicht gleich verhageln, haben wir – Achtung, Zwinkersmiley! – ein paar „Schummel-Deals" eingebaut: Wir kapern Einsparpotenziale aus Bereichen, die gar nichts mit Ernährung zu tun haben. Der Deal: Wer kühler duscht, Strom spart oder öfter zur Arbeit radelt, darf sich die eine oder andere Ernährungssünde gönnen.

CO_2-Fußabdrücke aus einer Hand

Die Werte für die CO_2-Fußabdrücke stammen übrigens fast alle aus der Studie „Ökologischer Fußabdruck von Lebensmitteln und Gerichten in Deutschland", die das Heidelberger Institut für Energie- und Umweltforschung (ifeu) 2020 veröffentlichte. Die gesamte Studie lässt sich im Internet kostenlos auf ifeu.de abrufen.

Werte aus anderen Quellen sind häufig nach anderen Regeln bilanziert. So finden sich für ein Kilogramm Rindfleisch Emissionswerte zwischen 10 und 30 Kilogramm CO_2, laut ifeu sind es 13,6.

Nachhaltig ist unsere Challenge, wenn sie nach einem Jahr nicht endet, sondern in dauerhaftes CO_2-Sparen mündet. Keine

Frage: Auch bei der Klima-Diät droht der Jo-Jo-Effekt – getriggert durch Zeitmangel und Stress, fehlende Achtsamkeit und den Rückfall in alte Einkaufsgewohnheiten.

Ihr nachhaltiges Wohlfühl-Menü

Ob Sie mit unserer Challenge die Erde retten, sei dahingestellt – doch Ihre Anstrengungen sind nicht umsonst. Sie werden bewusster einkaufen (und Geld sparen), sich gesünder ernähren (und eventuell einige Kilo verlieren), spannende Aromen testen und neue Gerichte kennenlernen.

Wahrscheinlich werden Sie sich auch insgesamt wohler fühlen. Wie Studien belegen, steigert ökologisches Verhalten die Lebenszufriedenheit. Auch Menschen, die LED-Lampen und effiziente Haushaltsgeräte kaufen, auf Solarstrom umsteigen und ihr Auto verkaufen, geht es besser. Sie haben das gute Gefühl, das Richtige zu tun.

Kurzum: Dieses Buch soll Ihren Optimismus in Sachen Klimaschutz stärken, Sie aktiver machen – und achtsamer. Mit dieser Achtsamkeit gewappnet, werden Sie künftig genauer hinschauen, welche Lebensmittel Sie konsumieren.

Und jetzt: Fangen Sie am besten an. Blättern Sie durch das Buch, orientieren Sie sich und überlegen Sie sich, wie Ihre ganz persönliche CO_2-Diät aussehen könnte. Setzen Sie Ihre Pläne dann in die Tat um und bleiben Sie dran. Sie werden sehen: Wenn Sie am Ende des ersten Jahres Bilanz ziehen, werden sich die vielen kleinen Schritte im Alltag zu etwas weitaus Größerem summiert haben. Versprochen!

H_2O-FUSSABDRUCK

Jeder Mensch in Deutschland verbraucht pro Tag ca. 120 Liter Wasser. Deutlich größer ist der Verbrauch, rechnet man das Wasser mit, das für die Herstellung und den Transport der Kleider, Lebensmittel etc. einer Person verbraucht wurde. Weil wir diese zusätzliche Menge nicht sehen, bezeichnet man sie als verstecktes oder virtuelles Wasser. Pro Kopf und Tag sind das – je nach Berechnungsmethode – weitere 3 900 bis 7 200 Liter. Addiert man tatsächlich und virtuell verbrauchtes Wasser, erhält man den Wasser-Fußabdruck.

Dieser lässt sich auch auf Lebensmittel beziehen. Allein eine Tasse Kaffee enthält rund 140 Liter verstecktes Wasser! Ein weiteres Beispiel: Avocados. Der Anbau eines Kilogramms – etwa vier Früchte – erfordert 1 000 bis 1 500 Liter Wasser. Im Vergleich zu Rindfleisch (15 000 Liter) und Käse (3 000 Liter) wirkt das nicht viel. Bedenkt man jedoch, dass es hier um Wasser in Ländern wie Mexiko, Chile und Peru geht, sieht die Sache anders aus – denn dort ist Wasser deutlich knapper als bei uns. Um auch diese Faktoren in Pro-Kopf-Werten abzubilden, werden Wasserknappheit und -qualität vor Ort in neueren Berechnungen verstärkt berücksichtigt.

Durchwachsen ist die Gesamtbilanz auch, wenn man den Wasser-Fußabdruck von Avocados im Zusammenhang mit weiteren Problemfeldern wie Waldrodung, Pestizideinsatz, Arbeitsbedingungen und Transportwege betrachtet. Wer die Früchte liebt, kauft sie deshalb aus europäischem Anbau bzw. mit Bio- oder Fairtrade-Siegel.

CO_2-SELBSTTEST

Tierisch oder pflanzlich? Regional oder international? Je nach Ernährungsstil verursachen wir viele oder wenige Emissionen. Hinzu kommt die Energie für Kühlschrank, Herd & Co. Wo liegen Sie im Vergleich? Finden Sie es hier heraus!

1. Wie oft essen Sie Fleisch und Wurst?

(Nahezu) täglich	50
Drei- bis viermal pro Woche	40
Ein- bis zweimal pro Woche	30
Etwa einmal im Monat	10
Nie	0

2. Welche Fleischsorte essen Sie mindestens einmal pro Woche? (Mehrfachnennung möglich)

Rind	50
Wild (auch aus Übersee)	35
Schwein	20
Geflügel	15

3. Welche(n) Brotaufstrich(e) verwenden Sie nahezu täglich?

Butter	40
Frischkäse	25
Pflanzenfett/Margarine	15
Vegane Aufstriche	5

4. Konsumieren Sie mehrmals in der Woche Milch oder nutzen Sie bevorzugt pflanzliche Alternativen (z. B. Haferdrink, Sojadrink)?

Milch	25
Sowohl als auch	15
Pflanzendrinks	5

5. Verwenden Sie regelmäßig, das heißt nahezu täglich, Milchprodukte wie Käse, Sahne und Joghurt oder verwenden Sie pflanzliche Alternativen?

Nur Milchprodukte	40
Sowohl als auch	25
Nur pflanzliche Alternativen	10

6. Kaufen Sie Lebensmittel (außer Fleisch und Milchprodukte) bio oder konventionell?

Nur konventionell	60
Überwiegend konventionell	50
Etwa zu gleichen Teilen	40
Überwiegend bio	30
Nur bio	20

7. Worauf achten Sie beim Kauf von Obst und Gemüse? (Mehrfachnennungen möglich)

Ich kaufe auch Importware aus Übersee – auch auf die Gefahr hin, dass es „Flugware“ ist.	50
Ich bevorzuge auch außerhalb der Saison einheimische Produkte.	40
Ich kaufe zusätzlich Importware aus Europa.	30
Ich kaufe bewusst deutsche und regionale Produkte, nach Möglichkeit auch saisonal.	20

8. Mit welchem Verkehrmittel fahren Sie überwiegend einkaufen?

Auto mit Verbrennungsmotor	80
E-Auto	40
ÖPNV	5
Fahrrad/Lastenrad	0
Ich gehe zu Fuß.	0

9. Auf welcher Stufe ist Ihr Kühlschrank eingestellt?

Höchste oder zweithöchste Stufe	30
Im mittleren Bereich	20
Niedrigste oder zweitniedrigste Stufe	10

10. Wie oft nutzen Sie Ihren Backofen?

Fast täglich	50
Bis zu viermal pro Woche	30
Einmal pro Woche	10
Seltener	5

11. Welche Menge an Lebensmitteln werfen Sie pro Tag weg (10 Liter entsprechen der Füllung eines Kompostbeutels aus Recyclingpapier)?

Im Schnitt mehr als 10 Liter	40
Im Schnitt 5 bis 10 Liter	30
Im Schnitt 2 bis 5 Liter	20
Im Schnitt bis 1 Liter	5

12. Aus welchen Gründen werfen Sie Lebensmittel weg? (Mehrfachnennungen möglich)

Grundsätzlich, wenn MHD überschritten	50
Zu viel eingekauft/sieht nicht mehr gut aus	40
Zu viel eingekauft/verdorben	30
Zu viel gekocht/auf den Teller genommen	20

AUSWERTUNG

SPÄTZÜNDER
(AB 500 PUNKTE)

Sorry, aber Sie ernähren sich bislang nicht wirklich klimafreundlich. Aber jetzt geht's los! Überlegen Sie sich, mit welchem der fünf Buchkapitel („Level") Sie Ihre Challenge starten wollen, und setzen Sie sich ein Einsparziel. Notieren Sie Ihre Einsparungen in einer Liste und rechnen Sie nach zwölf Monaten ab. Ihre Challenge: Möglichst viel CO_2 einsparen – schaffen Sie eventuell sogar eine ganze Tonne?

EINSTEIGERIN
(305 BIS 495 PUNKTE)

Klimaschutz ist Ihnen wichtig – doch über Ansätze sind Sie noch nicht hinausgekommen. Woran liegt's? Zweifeln Sie daran, dass es Ihnen ohne Fleisch schmeckt? Fällt es Ihnen schwer, mit Gewohnheiten zu brechen? Dann sind Sie hier richtig! Ihre Challenge: Probieren Sie unsere Rezepte aus – die meisten sind fleischlos, viele sogar vegan. Zusätzlich sparen Sie in der Küche Energie und vermeiden Abfälle.

SEMI-PROFI
(155 BIS 300 PUNKTE)

Gut! Sie haben das Projekt „nachhaltige Ernährung" bereits erfolgreich in Angriff genommen! Machen Sie sich nun auf die Suche nach weiteren Einsparpotenzialen. Veganer lassen beim Einkaufen öfter das Auto stehen, sparen Energie und vermeiden Abfall – Flexitarier setzen noch stärker auf pflanzliche Alternativen. Ihre Challenge: Seien Sie konsequent, doch achten Sie darauf, dass der Genuss nicht zu kurz kommt.

CHAMPION
(BIS 150 PUNKTE)

Glückwunsch! Sie ernähren sich annähernd so klimafreundlich, wie es derzeit möglich ist. Dank unserer Tipps lassen Sie noch ein paar CO_2-Pölsterchen schmelzen und freuen sich ansonsten über die Rezepte. Ihre Challenge: Stecken Sie Ihr Umfeld mit Ihrer Vitalität, Ihrer Genussfähigkeit und Achtsamkeit an! Wenn Sie all das ohne erhobenen Zeigefinger schaffen, sind Sie der wahre Klima-Champion!

LEVEL 1

Weniger Tierprodukte, mehr Pflanzliches!

Wer möglichst schnell Emissions-Kilos reduzieren will, meidet tierische Lebensmittel. Weniger Fleisch und Wurst – mehr Gemüse, Hülsenfrüchte und Getreide. Gefragt sind zudem Alternativen zu Butter, Milch und Eiern. Sie sind nicht sicher, ob Sie die mögen? Probieren Sie's doch einfach!

Können Sie sich vorstellen,tierische Produkte komplett zu meiden? Von heute auf morgen kein Fleisch und keine Wurst mehr zu essen, vielleicht sogar auf Milch und Butter zu verzichten?

Ein solcher Einschnitt ist vielen zu radikal. Sich bewusster ernähren, Tiere und Klima schützen – schön und gut. Aber gleich das ganze Leben umkrempeln? Dann lieber weniger tierische Produkte als gar keine mehr. So ticken Sie auch? Dann sind Sie in guter Gesellschaft: Rund 40 Prozent der Deutschen lassen hin und wieder Fleisch und Milchprodukte weg.

Ob Flexitarier oder doch Vegetarierin oder Veganer: Nicht jedes Modell taugt für jede(n). Die Herausforderung besteht darin, ehrlich zu sein: Wie wichtig ist mir Klimaschutz? Was will ich dafür tun? Und schaffe ich das? Deshalb: Setzen Sie sich Ziele und probieren Sie Neues aus. Nicht jeder Versuch wird glücken. Lassen Sie sich nicht beirren. Und genießen Sie.

Flexibilität sichert Überleben

Wer fürchtet, mit pflanzlicher Kost nicht genügend Nährstoffe aufzunehmen, kann aufatmen: Alles kein Problem, solange Sie sich vielseitig und ausgewogen ernähren und auf eine ausreichende Zufuhr an Eisen, Zink und Vitamin B12 achten.

Noch etwas: Das Argument, wir seien von Natur aus Fleisch(fr)esser, zieht nicht. Es ist kein Zufall, dass die Deutsche Gesellschaft für Ernährung (DGE) tierische Lebensmittel nur als Ergänzung empfiehlt. In Wahrheit ist der Mensch Alles(fr)esser mit Hang zu pflanzlicher Kost. Unsere Vorfahren, ihres Zeichens Jäger und Sammler, futterten auch nicht nur Fleisch – sondern das, was verfügbar war. Waren das Beeren und Wurzeln, gab es die – und nur die. Immer wieder knurrte der Magen, manchmal über Tage. Heute heißt das Intervallfasten und ist ein populäres Konzept. Was immer man davon hält: Nicht das Mammut sicherte unseren Vorfahren das Überleben, sondern ihre Fähigkeit, sich anzupassen.

Raus aus alten Denkmustern

Mittlerweile ist alles jederzeit verfügbar: Fleisch und Käse, Obst und Gemüse. Unseren Speiseplan stellen nicht mehr Mutter Natur und speerschleudernde Männer zusammen, sondern wir selbst.

Die optimale Mischung hinzubekommen ist gar nicht so einfach. Auch 80 Jahre nach Ende des Zweiten Weltkrieges gilt Fleisch vielen Menschen als Zeichen von Wohlstand und landet entsprechend oft auf dem Teller. Leider riskieren wir mit pro Nase und Jahr vertilgten 57 Kilogramm nicht nur unsere Gesundheit, sondern auch die des Planeten. Schon des Klimas wegen müssen wir unseren Fleischkonsum reduzieren – vom Wohl der Tiere sowie dem gigantischen Wasser- und Flächenverbrauch gar nicht zu reden.

Alles Tierische auf den Prüfstand

Ihre Klimabilanz verbessern können nicht nur Fleischesser, sondern auch Vegetarier. Schauen Sie doch mal, was Sie da auf Ihr Frühstücksbrötchen schmieren, in Ihr Müsli kippen und über die Pasta hobeln. Butter, Milch und Käse haben ebenfalls einen prall gefüllten CO_2-Rucksack. Die gute Nachricht: Es gibt für alles eine klimafreundliche Alternative – im Folgenden erfahren Sie, wie Sie diese für sich nutzen können.

BOOSTER FÜR DIE CO_2-BILANZ

-28

KILOGRAMM CO_2

Wer für seinen Burger kein Patty – so nennen Profis den Bratling in der Mitte – aus Bio-Rinderhack verwendet, sondern veganes Hack auf Sojabasis (jeweils 200 Gramm) nutzt (oder ein fertiges Patty kauft), spart 2,8 Kilogramm Treibhausgase. Macht bei zehn Burgern schon 28 Kilogramm! Wer konventionelles Rinderhack verwendet, spart mit Sojahack trotzdem 1,6 Kilogramm CO_2. Zum Vergleich: Ein Patty auf Basis von Erbsen spart 2,7 Kilogramm CO_2 gegenüber Biohack bzw. 1,5 Kilogramm gegenüber konventionellem Hack (Quelle: ifeu – Institut für Energie- und Umweltforschung Heidelberg).

-26

KILOGRAMM CO_2

An der Wursttheke statt 100 Gramm Rindersaftschinken dieselbe Menge Aufschnitt aus Hähnchenbrust auswählen – das spart gleich ein halbes Kilogramm CO_2 (Quelle: ifeu). Auf ein Jahr gerechnet, ist man – einen wöchentlichen Einkauf vorausgesetzt – gleich bei 26 Kilogramm Einsparung! Etwa die gleiche Menge CO_2 spart, wer Lyoner Wurst auf Erbsenbasis kauft (Quelle: Rügenwalder Mühle, Berechnung ohne Verpackung).

Einfach mal machen: Fleischlos genießen

Sie wollen die Sache anpacken und weniger Fleisch essen? Hervorragend, das wird nicht nur Körper und Psyche guttun, sondern auch Ihrer CO_2-Bilanz. Legen Sie am besten gleich zu Beginn eine Liste an und tragen Sie jede Ersparnis ein, die Sie mithilfe dieses Buches beziffern können. Fleisch weglassen oder durch pflanzliche Alternativen ersetzen – das ist der ultimative Kick für unsere Klima-Challenge.

Geflügel schont die Bilanz

Für alle, die einen eher sanften Übergang wählen wollen, hier zwei Tipps, um den „Phantomschmerz" zu lindern.

Erstens: Essen Sie statt Rind öfter Schwein und Geflügel – möglichst aus Bio-Haltung. Hähnchen, Pute und Co. belasten die Bilanz am wenigsten. Zweitens: Drehen Sie das Mengenverhältnis von Fleisch und Beilagen um und lassen Sie Gemüse, Kartoffeln, Hülsenfrüchte und Getreide die erste Geige spielen! Fleisch als Beilage? Sie werden schon sehen.

Doch das ist nur ein Anfang. Betrachten Sie die Sache als Abenteuer und gehen Sie weitere Schritte: Lassen Sie Fleisch und Wurst öfter ganz weg und nutzen Sie stattdessen das wachsende Angebot an Ersatzprodukten. Die Palette ist mittlerweile beeindruckend und reicht von Tofu-Würstchen und Veggie-Aufschnitt bis zu Seitanbraten und Sojahack.

Veggie-Fleisch: Smarte Imitate

Laut der Studie „Fleisch der Zukunft", die das Umweltbundesamt 2020 vorstellte,

Gefüllte Paprikaschoten

1,2 KG CO_2 PRO PORTION

Zubereitung

450 ml Wasser im Wasserkocher aufkochen und zum Quellen über die Sojaschnetzel geben.

Zwiebel schälen und fein hacken. Möhren putzen und grob reiben. Paprikaschoten putzen und die Deckel abschneiden. Eventuell die Paprika unten begradigen, damit sie später im Topf aufrecht stehen können. Tomaten in Streifen schneiden. Feta würfeln. Mandeln grob hacken.

Die Sojaschnetzel abgießen, dabei die Flüssigkeit auffangen. 2 EL Öl in einem Topf erhitzen, Schnetzel darin scharf anbraten. Zwiebel, Möhren und Tomatenstreifen zugeben und bei mittlerer Hitze ca. 5 Minuten dünsten, 5 EL vom beiseitegestellten Sud zufügen. Mit Salz, Pfeffer und Thymian würzen, mit Lupinenmehl überstäuben und unterheben. Feta und Mandeln unterrühren. Die Masse in die Paprikaschoten füllen und den Deckel aufsetzen.

Knoblauch schälen und in Scheiben schneiden. Das restliche Öl im gleichen Topf erhitzen und Knoblauch kurz andünsten. Tomatenmark, Zimt und Paprikapulver zugeben und kurz mitdünsten. Mit der restlichen beiseitegestellten Kochflüssigkeit und den Tomaten ablöschen, Gemüsebrühpaste, Lorbeerblatt und Rosinen unterrühren.

Die Paprika in die Sauce stellen und bei geringer Hitze ca. 35 Minuten schmoren. Zum Schluss die Sauce mit den Gewürzen abschmecken. Wer mag, bindet die Sauce mit etwas angerührter Stärke. Dazu passen Polenta (z. B. S. 145), Bulgur, Couscous oder „wie Reis"-Produkte.

Für 2–3 Portionen

100 g Sojaschnetzel
1 Zwiebel
2 Möhren
3 Paprikaschoten
30 g Soft-Tomaten
100 g Feta (oder ein vegetarisches Produkt)
2 EL Rauchmandeln
3 EL Rapsöl
Salz, Pfeffer
1 TL getrockneter Thymian oder 4 Zweige
1 gehäufter EL Süßlupinenmehl
2 Knoblauchzehen
1 EL Tomatenmark
½ TL Zimt
3 TL Paprikapulver edelsüß
1 Dose gehackte Tomaten (400 g)
1 TL Gemüsebrühpaste
1 Lorbeerblatt
1 EL Rosinen
nach Wunsch 1 TL Speisestärke

Pro Portion

526 kcal, 28 g F, 27 g KH, 17 g Bst, 31 g E

Saison:

Die Füllung schmeckt auch mit Auberginen und Zucchini.

CO_2-EINSPARUNG PRO PORTION

–0,31 kg

im Vergleich zu Paprikaschoten mit Hackfleisch
(→ S. 171)

Das entspricht etwa 5 Minuten Duschen bei 38 Grad!
CO_2-EINSPARUNG PRO PORTION
-0,9 kg
im Vergleich zu Hähnchen-Saté (→ S. 171)

Tofu-Saté mit Gurkensalat

0,4 KG CO_2 PRO PORTION

Zubereitung

Die Gurke waschen und in hauchdünne Scheiben schneiden. Chili putzen, von den Kernen befreien und in sehr feine Streifen schneiden. Mit 1 EL Reisessig, Sesamöl und ½ TL Zucker verrühren, die Gurke unterheben und bis zum Servieren durchziehen lassen.

Zwiebel, Knoblauch und Ingwer schälen und fein hacken. 1 EL Rapsöl erhitzen, Zwiebel, Knoblauch und Ingwer darin andünsten. Die Gemüsebrühe zugeben und zugedeckt 5 Minuten dünsten. Erdnusscreme, Sojasauce, den restlichen Essig und Zucker zugeben, verrühren und abschmecken. Nach Wunsch mit einem Schneidstab pürieren.

Tofu in ein sauberes Geschirrtuch oder Küchenpapier wickeln und mit den Händen auf einem Brett etwas auspressen. Auswickeln, würfeln und in der Stärke wenden. Auf Spieße stecken und die überschüssige Stärke abschütteln. Die Spieße im restlichen Öl rundherum knusprig braun braten. Man kann die Tofuwürfel natürlich auch einfach so braten, ohne sie auf Spieße zu stecken.

Tofu mit Erdnusssauce und Gurkensalat servieren. Den Salat mit Sesam bestreuen.

Für 2 Portionen

½ Gurke
½ Chilischote
2–3 EL Reisessig (ersatzweise Apfelessig)
1 EL geröstetes Sesamöl
1 TL Zucker
1 Zwiebel
1 Knoblauchzehe
20 g Ingwer
2 EL Rapsöl
100 ml Gemüsebrühe
1 gehäufter EL Erdnusscreme
1–2 EL Sojasauce
200 g geräucherter Tofu
1 EL Speisestärke
2 TL Sesamsamen

Pro Portion

486 kcal, 33 g F, 17 g KH, 5 g Bst, 24 g E

Saison:

Die Spieße sind unabhängig von der Saison. Als Beilage eignet sich z. B. im Frühling ein Spinatsalat, im Herbst schmeckt Apfel-Möhren-Rohkost dazu, und im Winter servieren Sie Chicoréesalat zu den Saté-Spießen.

Resteverwertung:

Tofuwürfel von den Spießen streifen und mit der restlichen Sauce mischen. Dazu Asia-Nudeln und kurz gegarte Frühlingszwiebeln oder Möhrenstreifen servieren.

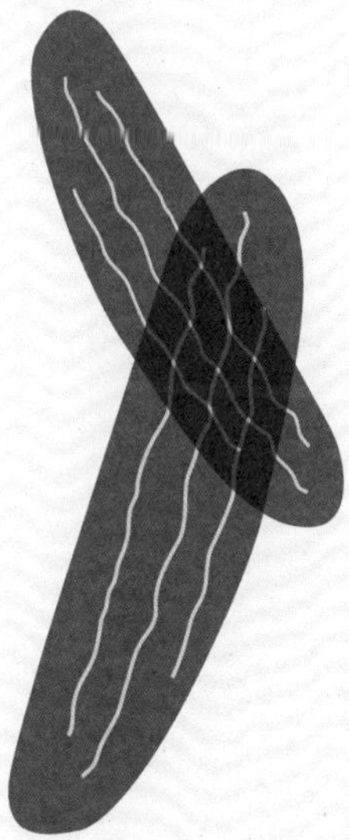

haben Veggie-Produkte auf Basis von Soja, Erbsen und Weizeneiweiß aus Umwelt- und Klimasicht einen Haufen Vorteile: Für die fleischlosen Imitate werden Hülsenfrüchte und Getreide direkt zu Lebensmitteln verarbeitet, statt sie an Tiere zu verfüttern. Im Vergleich zu Rindfleisch verursacht das bis zu zehnmal weniger Treibhausgase und benötigt um ein Vielfaches weniger Wasser und Flächen. So belastet die Produktion eines Kilogramms Fleischersatz auf Sojabasis die Atmosphäre nur mit 2,8 Kilogramm CO_2.

Proteinmangel meist kein Thema

Auch im Vergleich zu Schwein und Geflügel schneiden die Veggie-Produkte besser ab. Zudem werden viele von ihnen aus Pflanzen hergestellt, die vor unserer Haustür wachsen, zum Beispiel gelbe Erbsen.

Viele Ersatzprodukte sind ähnlich reich an Protein wie Fleisch – bei teilweise deutlich weniger Fett. Schlechter sieht es bei Nährstoffen wie Vitamin B12 aus, das die Zellteilung unterstützt, und Eisen, das wir für die Blutbildung brauchen. Zwar bringen Soja und Erbsen etwas Eisen mit – unser Körper verwertet es jedoch schlechter als Eisen aus Fleisch. Wer zum Essen ein Glas Orangensaft trinkt, kann die Eisenaufnahme dank des Vitamin C erhöhen.

Ersatzprodukte? Geschmackssache!

Nachteil: Ersatzprodukte sind keine Naturerzeugnisse. Vor allem Produkte, die wie Fleisch und Wurst aussehen und schmecken sollen, sind hochverarbeitet. Dennoch können sie eine sinnvolle Ergänzung sein, um etwa Neu-Vegetariern und Flexitariern den Übergang zu erleichtern.

BOOSTER FÜR DIE CO_2-BILANZ

−6,3

KILOGRAMM CO_2

Die Gemüsesuppe oder den Salat mit einer Handvoll gebratener Speckwürfel oder ein paar Scheiben Räucherlachs aufbrezeln? Wer Angst hat, von Grünzeug nicht satt zu werden, greift gern zu tierischer Abhilfe. Die jedoch bläht die CO_2-Bilanz unnötig auf. Pro Kilogramm Speck landen 4,8 Kilogramm CO_2 im persönlichen Register der Klimasünden. Das entspricht übers Jahr 20 Portionen zu je 50 Gramm. Norwegischer Räucherlachs bringt pro Kilogramm sogar 6,3 Kilogramm CO_2 mit (Quelle: ifeu). Versuchen Sie als Einlage doch mal geröstete Brotwürfel, Röstzwiebeln oder geröstete Kürbiskerne.

Bleibt die Frage: Schmecken die? Antwort: Kommt darauf an. Wer nur perfekte Kopien gelten lässt, dürfte öfter mal enttäuscht sein, wer offen für Neues ist, Entdeckungen machen. Findige Vermeider sehen in Fleischersatz ohnehin nur eine von mehreren Optionen, sind doch längst auch tierische Alternativen im Anflug.

Keine Scheu vor Insektenfleisch

Sie bekommen sofort eine Gänsehaut? Nicht nötig: Während es in Thailand praktisch an jeder Straßenecke Heuschrecken, Larven und Käfer zu kaufen gibt, viele in Mexiko auf Ameisenlarven und in Japan auf frittierte Zikaden schwören, liegen in deutschen Regalen vor allem Produkte aus zerkleinertem Insektenfleisch. So lässt sich weder erkennen noch schmecken, welches Fleisch für Burgerpatty, Pasta oder Proteinriegel verwendet wurde. Vorschlag: Probieren Sie Insekten doch mal als kleine Delikatesse zwischendurch.

Zumal die Krabbeltierchen in Sachen Nährstoffe einiges vorzuweisen haben: Sie enthalten konzentrierte Proteine und sind eine Top-Quelle für Omega-3-Fettsäuren, B-Vitamine und wichtige Mineralstoffe – wobei der Proteingehalt je nach Insektenart unterschiedlich ist. Im Schnitt lassen sich 80 Prozent ihrer Biomasse verspeisen – das ist doppelt so viel wie beim Rind. Nicht zuletzt spart die „Produktion" jede Menge Platz, Futter und Wasser.

Der Ausstoß an Treibhausgasen pro Kilogramm Insektenfleisch liegt laut Umweltbundesamt bei rund drei Kilogramm – also zwischen Fleisch und vegetarischen Ersatzprodukten. Genau wie diese werden auch Insektenprodukte mit allerlei Gewür-

SO GEHT'S BESSER

Eisenmangel vorbeugen. Laut Deutscher Vegan-Studie leiden 42 Prozent der jüngeren und 13 Prozent der älteren Veganer unter Eisenmangel. Grund: Unser Körper verwertet Eisen aus pflanzlichen Quellen schlechter als Eisen aus Fleisch. Um Müdigkeit, Konzentrationsstörungen und Appetitlosigkeit zu vermeiden, sollten daher Hülsenfrüchte, Vollkorngetreide sowie Nüsse und Samen regelmäßig auf dem Speiseplan stehen.

Vitamin B12 checken. Auch auf Vitalstoffe wie Vitamin B12, Vitamin D sowie Kalzium und Zink müssen Veganer besonders achten. Auch diese stecken in Nüssen und Hülsenfrüchten (Kalzium, Zink) sowie Champignons und Pfifferlingen (Vitamin D). In Sachen Vitamin B12 sollten Veganer unbedingt auf speziell angereicherte Lebensmittel (z. B. Sojadrinks) oder Nahrungsergänzungsmittel zurückgreifen und vom Arzt regelmäßig ihren Vitamin-B12-Status bestimmen lassen.

Umami ersetzen. Vielen Vegetariern und Veganerinnen fehlt vor allem der herzhaft-würzige Umami-Geschmack, wie ihn etwa Fleisch, Fisch und reifer Käse liefern. Tipp: Aus getrockneten Shiitakepilzen, Hefeflocken (zu gleichen Teilen) und der doppelten Menge an getrockneten Tomaten (möglichst alles bio) lässt sich im Mörser oder mit dem Mixer ein grobes Pulver herstellen, das Suppen, Gemüsegerichten sowie Fleischersatzprodukten ein würziges Aroma verleiht. Dieses Umami-Pulver ist im Schraubglas an einem dunklen, kühlen Ort bis zu sechs Monate haltbar!

Pilzbuletten mit Apfel-Zwiebel-Gemüse

0,5 KG CO_2 PRO PORTION

<u>**Für 2 Portionen**</u>

10 g getrocknete Steinpilze
400 g braune Champignons
3 EL Rapsöl
2 gehäufte EL Süßlupinenmehl
3 EL Semmelbrösel
1 TL Senf
Salz, Pfeffer
2 Zwiebeln
1 Apfel
1 EL Margarine
2 Zweige oder ¼ TL getrockneter Thymian
1 TL Zucker
1–2 EL Apfel- oder Weinessig

<u>**Pro Portion**</u>

460 kcal, 24 g F, 34 g KH, 16 g Bst, 18 g E

Zubereitung

Die Steinpilze mit 5 EL kochendem Wasser aus dem Wasserkocher übergießen und 10 Minuten ziehen lassen. Inzwischen Champignons putzen, mit einem Geschirrtuch abreiben, fein hacken und in einer beschichteten Pfanne in 1 EL Öl 5–10 Minuten anbraten, bis die Flüssigkeit ganz verdampft ist. Die Pilze in einer Schüssel abkühlen lassen.

Die Steinpilze entnehmen, gut ausdrücken und hacken. Lupinenmehl und 3 EL vom mittlerweile abgekühlten Einweichwasser der Steinpilze verrühren, mit Semmelbröseln, Senf, Steinpilzen, Salz und Pfeffer zu den Pilzen geben und gut verrühren. 5 Minuten ruhen lassen, dann mit angefeuchteten Händen vier bis sechs Buletten formen.

Zwiebeln schälen und in Streifen schneiden. Apfel waschen, trocken tupfen, entkernen und in dünne Spalten schneiden. Margarine erhitzen und Zwiebeln und Apfel 5 Minuten dünsten. Thymianblättchen und Zucker zugeben und kurz karamellisieren lassen. Mit Essig ablöschen.

Das restliche Öl in der schon benutzten Pfanne erhitzen und die Buletten darin von jeder Seite 3–5 Minuten bei mittlerer Hitze braten. Mit dem Apfel-Zwiebel-Gemüse servieren. Dazu passt Kartoffelstampf.

Saison:

Apfel-Zwiebel-Gemüse funktioniert das ganze Jahr über, aber die Buletten schmecken auch zu vielen anderen saisonalen Beilagen, z. B. Möhren, Rote Bete, Rosenkohl, Kohlrabi, Bohnen, einem bunten Salat oder einem Gemüserest vom Vortag.

Resteverwertung:

Mit Salat, Tomaten, Remoulade oder Senf einen Burger bauen (Rezept für Buns S. 54).

Damit kann
man sechs Tage
einen Kühlschrank
mit 300 l Fassungs-
vermögen be-
treiben (ca.
3 kWh).
CO_2-EINSPARUNG
PRO PORTION
-1,2 kg
im Vergleich zu
Buletten aus Rinder-
hack (→ S. 171)

zen und zusätzlichen Zutaten an unsere Geschmacksvorlieben angepasst.

Aufpassen sollten Sie, wenn Sie allergisch auf Krebstiere und Hausstaubmilben reagieren. Auch Insekten können ähnlich heftige Reaktionen hervorrufen – zumal Warnhinweise meist fehlen. Weiterer Minuspunkt: Insektenanteil und Proteingehalt vieler Produkte sind so gering, dass ihr Nutzen fraglich ist. Das ergab ein Marktcheck der Verbraucherzentrale Hamburg.

In-vitro-Fleisch: Zukunftsmusik

Nichts für Zartbesaitete ist auch die zweite tierische Fleischalternative: Fleisch aus gezüchteten Stammzellen. Dafür entnehmen Wissenschaftler Zellen aus dem Muskelgewebe von Tieren, isolieren diese unter Laborbedingungen und kultivieren sie in Bioreaktoren. Am Ende werden sie zu Zellmasse verarbeitet, aus der dann beispielsweise Burgerpattys geformt werden.

Wem es bei der Vorstellung, in Laborfleisch zu beißen, kalt den Rücken herunterläuft, sollte bedenken, dass sich auf diese Weise eine Menge Tierleid vermeiden ließe. Forschende der Universität Oxford schätzen zudem, dass die Massenproduktion von In-vitro-Fleisch 78 bis 96 Prozent weniger Treibhausgasemissionen erzeugen, bis zu 99 Prozent weniger landwirtschaftliche Fläche und bis zu 96 Prozent weniger Wasser verbrauchen würde.

Nachteil: Dafür bräuchte man riesige Bioreaktoren mit immensem Energieverbrauch. Eine weitere Hürde ist der Preis. Zwar war ein Laborburger im Jahr 2021 mit 45 Euro im Vergleich zu den Anfängen schon wesentlich günstiger – doch nach Massenmarkt klingt das derzeit noch nicht.

Der Clou: Hülsenfrüchte und Getreide

Was tun bei so viel Zukunftsmusik? Ganz einfach: Ersatz nutzen, den es schon gibt, der weder wie Fleisch aussieht noch so schmeckt – uns aber mit Eiweiß versorgt und mit einer vergleichbaren Energiedichte aufwartet. Heiße Kandidaten sind Hülsenfrüchte (siehe Seite 30), heimisches Getreide (siehe Seite 48) sowie Pilze – und am besten: ausgewogene und leckere Kombinationen davon.

FLEISCHERSATZ OHNE ZUSÄTZE

Im besten Fall sind Fleischersatzprodukte naturbelassen. In der Praxis enthalten viele jedoch Zusatzstoffe, jede Menge Salz und Kalorien. Deshalb sind viele vegane Nuggets, Schnitzel oder Bratwürstchen ernährungsphysiologisch ähnlich kritisch zu bewerten wie ihre fleischhaltigen Entsprechungen. Wer sich klimafreundlich und gesund ernähren will, greift deshalb besser zu wenig verarbeiteten Produkten, zum Beispiel Naturtofu, Sojaschnetzeln oder Seitan, und zaubert daraus selbst leckere Gerichte. In diesem Buch gibt es unzählige Anregungen dazu! So haben wir exklusiv für unsere Challenge fast 50 Rezepte entwickelt – sie sollen beweisen, dass klimabewusste Ernährung nicht Verzicht auf Genuss bedeutet.

Hähnchen Stroganoff

1,3 KG CO_2 PRO PORTION

Zubereitung

Champignons putzen, mit einem Geschirrtuch abreiben, den Stielansatz entfernen und die Pilze je nach Größe halbieren oder vierteln. Paprika putzen, Zwiebel schälen und beides in feine Streifen schneiden. Saure Sahne mit Brühe, Stärke und Senf verrühren. Gurken abtropfen lassen und in Streifen schneiden. Petersilie abbrausen, trocken schütteln und hacken. Die Hähnchenbrust in Streifen schneiden.

Das Öl in einer großen Pfanne erhitzen und die Fleischstreifen darin 2–3 Minuten rundherum scharf anbraten. Mit Salz, Pfeffer und Paprikapulver würzen, aus der Pfanne nehmen und beiseitestellen. Pilze, Paprika und Zwiebel im Bratfett ca. 5 Minuten dünsten.

Die angerührte Sahne zugeben und aufkochen. Bei geringer Hitze 3–5 Minuten köcheln lassen, Fleisch zufügen und erhitzen. Mit Gurkenstreifen und Petersilie servieren. Dazu passen Salzkartoffeln oder Kartoffelschnee: Hierfür die gegarten Kartoffeln ausdämpfen lassen und durch eine Presse direkt auf den Teller geben. So wird die leckere Sauce besonders gut aufgenommen.

Für 2 Portionen

350g braune Champignons
½ Paprikaschote
1 Zwiebel
3 EL saure Sahne
150 ml Gemüsebrühe
1 TL Speisestärke
2 TL Senf
30g Gewürzgurken (süßsauer)
5 Stiele Petersilie
200g Bio-Hähnchenbrustfilet
2 EL Rapsöl
Salz, Pfeffer
¼ TL Paprikapulver edelsüß

Pro Portion

318 kcal, 15g F, 9g KH, 4g Bst, 32g E

Saison:

Zuchtpilze haben immer Saison, die Paprika ist überwiegend aus optischen Gründen dabei. Je nach Saison kann man stattdessen einige Zuckerschoten, feine Möhrenstreifen oder -scheiben oder bunte Mangoldblätter zugeben, um etwas Farbe ins Ragout zu bringen.

Resteverwertung:

Mit Brühe aufgefüllt, wird ein Süppchen aus dem Ragout. Das kann man auch gut mit anderen Gemüseresten kombinieren. Viele Kräuter on top oder eine Prise Curry geben neuen Pep.

Entspricht rund 50 km Autofahren bzw. die Strecke Frankfurt am Main – Wiesbaden

CO_2-EINSPARUNG PRO PORTION

–7,5 kg

im Vergleich zu Rinderfilet Stroganoff **(→ S. 171)**

„Rinder-Abgase" treiben den Klimawandel an

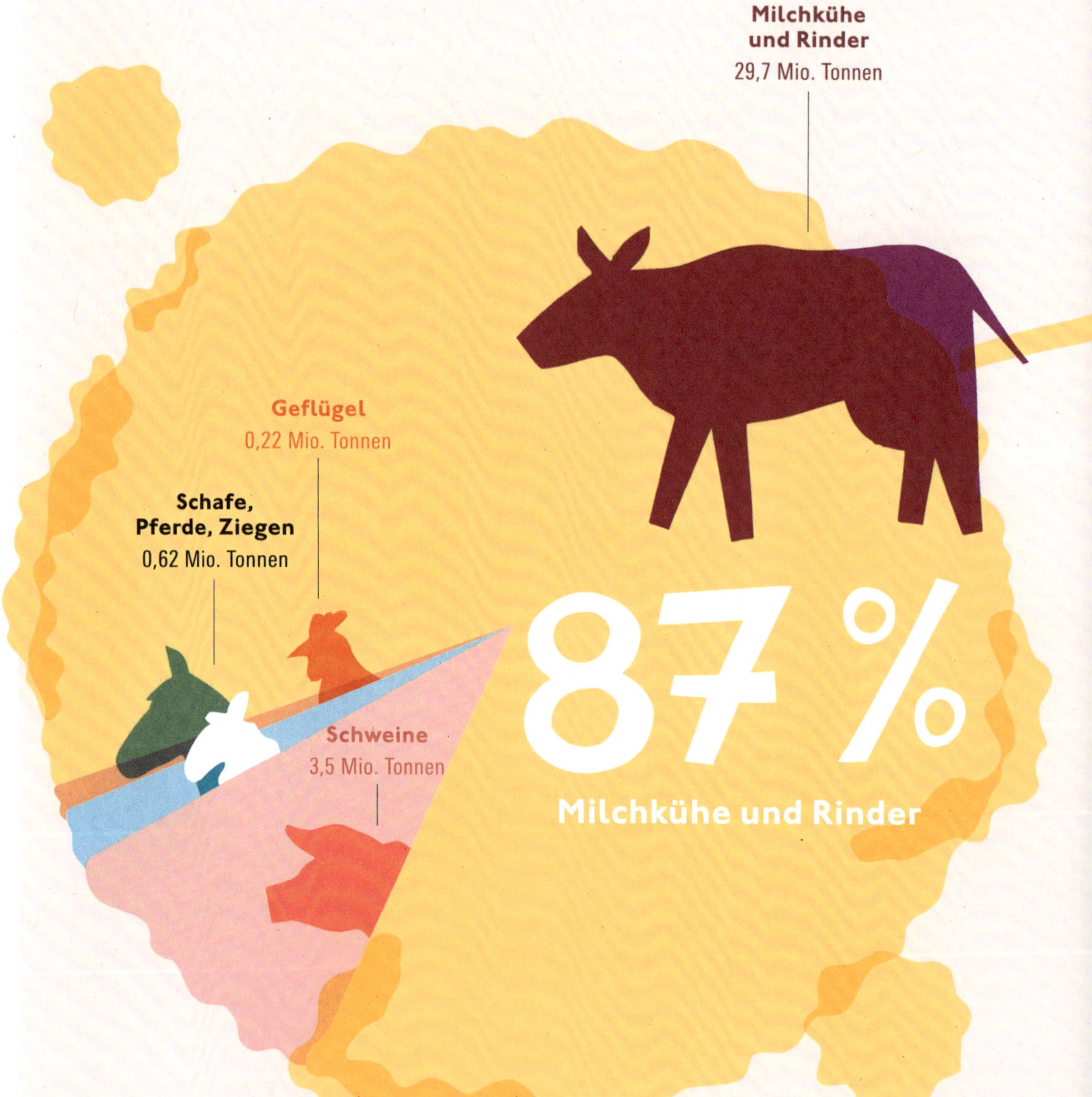

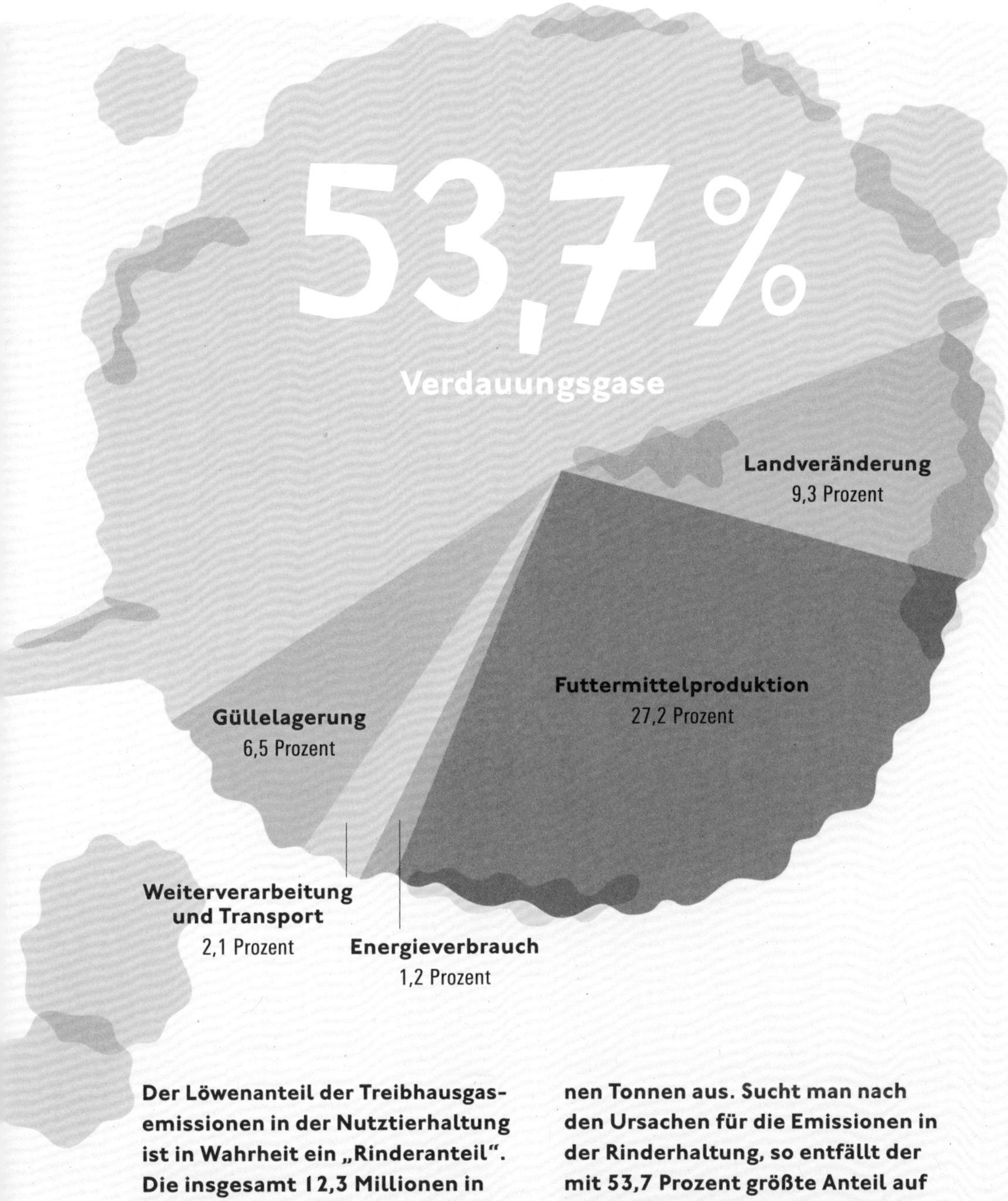

Der Löwenanteil der Treibhausgasemissionen in der Nutztierhaltung ist in Wahrheit ein „Rinderanteil". Die insgesamt 12,3 Millionen in Deutschland gehaltenen Tiere verursachten 2017 mit 29,7 Millionen Tonnen CO_2 rund 87 Prozent der Gesamtmenge aller Nutztiere. Zum Vergleich: Die 22,9 Millionen Schweine „begnügten" sich mit 3,5 Millionen Tonnen, die knapp 174 Millionen Hühner, Puten und Enten kamen sogar mit 0,22 Millionen Tonnen aus. Sucht man nach den Ursachen für die Emissionen in der Rinderhaltung, so entfällt der mit 53,7 Prozent größte Anteil auf die Verdauungsgase, gefolgt von der Futtermittelproduktion mit 27,2 Prozent sowie CO_2-Emissionen infolge von Landveränderungen mit 9,3 Prozent. Kaum ins Gewicht fallen die Faktoren Güllelagerung (6,5 Prozent), Weiterverarbeitung und Transport (2,1 Prozent) sowie Energieverbrauch (1,2 Prozent).

BOOSTER FÜR DIE CO_2-BILANZ

-5,0

KILOGRAMM CO_2

Kaufen Sie Linsen und Bohnen nach Möglichkeit nicht gekocht in Glas oder Blechdose, sondern getrocknet. Nicht nur, dass sie dann meist besser schmecken und sich besser dosieren lassen – die Herstellung und der Transport von Trockenware erfordern weniger Energie. Auf diese Weise lassen sich zum Beispiel pro Portion Linsen (200 Gramm) 100 Gramm CO_2 sparen. Das macht bei 50 Portionen im Jahr fünf Kilogramm. Zusätzlich spart die Verpackung einiges an Müll.

-40

KILOGRAMM CO_2

Hülsenfrüchte statt Hackfleisch – so lautet das klimabewusste Motto für alle, die gern Burger, Buletten, Cevapcici und Co. essen. In unserem Rezept auf Seite 36 zeigen wir Ihnen, wie Sie ein leckeres Burgerpatty aus Kidneybohnen herstellen – dasselbe funktioniert auch mit Linsen und Kichererbsen. Wer es beispielsweise schafft, in einem Jahr 5 Kilogramm Rinderhackfleisch – die Menge reicht für zehn Burgerpattys und 15 Buletten à 200 Gramm – durch 5 Kilogramm Linsen zu ersetzen, spart unterm Strich rund 40 Kilogramm CO_2.

Hülsenfrüchte: Heiße Suppe war gestern

Linsen, Erbsen und Bohnen – da denken viele Menschen an nahrhafte Eintöpfe mit ordentlich Kassler und Speck, die zur Zeit ihrer Großeltern auf den Tisch kamen. Bis vor einigen Jahrzehnten war das regelmäßig der Fall, weil Hülsenfrüchte billig waren, satt machten und sich in getrocknetem Zustand praktisch ewig lagern ließen.

Als Fleisch irgendwann spottbillig wurde (und seltsamerweise weiterhin als Indiz für Wohlstand galt), verschwanden viele vermeintliche Arme-Leute-Gerichte aus den Küchen – und mit ihnen die Hülsenfrüchte. Was blieb, war ihr angestaubtes Image und die Erinnerung an gewisse Reaktionen des eigenen Körpers.

Zum Glück sind die vielseitigen Früchtchen seit einigen Jahren wieder im Kommen. Seitdem immer mehr Menschen nur noch wenig oder gar kein Fleisch mehr essen, sind Alternativen gefragt. Weil sie reichlich pflanzliches Eiweiß an Bord haben, sind Hülsenfrüchte ein Top-Ersatz für Schnitzel, Steak und Kotelett. Höchste Zeit also für eine Imagekorrektur!

Dünger gespart – Emissionen gesenkt

Aus unserer Challenge sind Hülsenfrüchte nicht wegzudenken. Wer sie auf den Speiseplan setzt, behält seine Bilanz im Griff und betreibt aktiven Klimaschutz.

Apropos, hier einige Fakten zum Einstreuen in Gespräche unter „Ernährungsfüchsen“: Die Wurzeln von Hülsenfrüchten gehen eine Symbiose mit Knöllchenbakterien ein und binden auf diese Weise Stickstoff aus der Luft. Im Gegenzug erhalten die Bakterien Nährstoffe von der Pflanze. Der im Boden angereicherte Stickstoff steht nachfolgenden Pflanzen zur Verfügung, weshalb Hülsenfrüchte als Zwischenfrucht beliebt sind. Landwirte sparen so Düngemittel – und damit Emissionen.

Zum Vergleich: Werden für ein Kilogramm getrocknete Linsen 1,2 Kilogramm CO_2 emittiert, bringt es ein Kilogramm Hähnchenfleisch auf 5,5 Kilogramm, Rind sogar auf 13,6 Kilogramm. Zudem kommen Hülsenfrüchte mit relativ wenig Wasser aus. So stecken in einem Kilogramm Linsen 1 250 Liter, während ein Kilogramm Rindfleisch rund 13 000 Liter benötigt!

Vielfalt einfach durchprobieren

Mit über 20 000 Arten sind Hülsenfrüchtler, im Fachjargon Leguminosen, eine der größten Pflanzenfamilien. Gerade Linsen, Erbsen und Bohnen gibt es in großer Vielfalt – von Berg- und Belugalinsen über grüne und Kichererbsen bis zu Wachtel- und Kidneybohnen. Ob braun, grün, gelb oder rot, ob einfarbig, gefleckt oder marmoriert – die Auswahl ist riesig. Übrigens: Bei den vermeintlichen Früchten handelt es sich in Wahrheit um Samen, die in einer Hülse heranreifen. Geschmacklich reicht die Palette von süßlich und fein bis aromatisch-nussig.

Nur der Vollständigkeit halber: Auch Süßlupinensamen, Sojabohnen und Erdnüsse gehören zu den Hülsenfrüchten. Die ersten beiden begegnen uns in verarbeiteten Produkten wie Tofu und Tempeh. Erdnüsse gelten – wie ihr Name verrät – wegen ihres hohen Fett- und geringen Proteingehaltes eher als Nüsse und spielen für unsere Challenge keine Rolle.

ERBSEN, BOHNEN, LINSEN IM FOKUS

Besser für Böden. Hülsenfrüchte können durch die Symbiose mit Knöllchenbakterien atmosphärischen Stickstoff aus der Luft anreichern, was die Bodenfruchtbarkeit fördert. Sie brauchen beim Anbau nur geringe Mengen an Stickstoffdüngung, die Menge an Mineraldünger kann deutlich verringert werden.

Weniger Pestizide. Hülsenfrüchte besitzen eine humusanreichernde Wirkung und lockern sogenannte enge Fruchtfolgen auf. Dadurch lassen sich Schadorganismen und somit auch der Einsatz von Pestiziden verringern. Landwirtschaftliche Systeme, die Hülsenfrüchte einbeziehen, sind günstiger und nachhaltiger als konventionelle Methoden.

Gut für Insekten. Der Anbau von Hülsenfrüchten fördert die Vielfalt, sowohl von Bakterien und Regenwürmern im Boden als auch die der Bienen oberhalb des Bodens. Hülsenfrüchte haben einen geringen bis mäßig hohen Wasserbedarf.

Am besten getrocknet. Da der Import hauptsächlich per Schiff erfolgt, entstehen weniger Treibhausgase als beim Transport mit Lkw oder Flugzeug. Hülsenfrüchte können zur Konservierung in der Sonne getrocknet werden, wobei deutlich weniger klimawirksame Gase als bei Dosenkonserven und Tiefkühlprodukten entstehen. Schließlich lassen sich Hülsenfrüchte unverpackt verkaufen.

(Quelle: Bundeszentrum für Ernährung)

Schummel-Deal

Ob als Snack zwischendurch oder als Einlage in der Linsensuppe – wer in der Kantine auf ein Paar Wiener Würstchen verzichtet, spart jedes Mal 1 040 Gramm CO_2. Bringt bei zehnmaligem Verzicht 10,4 Kilogramm. Wer das sogar einmal pro Woche schafft, ist am Jahresende mit rund 54 Kilogramm Einsparung dabei. Haben Sie doch mal Lust auf Würstchen, lassen Sie sich den anschließenden Coffee to go – am besten auch den am Morgen – in einen mitgebrachten Mehrwegbecher füllen. Nach dem zehnten Kaffee – über den Daumen gepeilt also nach ein bis zwei Arbeitswochen – sind die Emissionen für die kleine Klima-Sünde wettgemacht.

Kürzer kochen dank Einweichen

Trick für Optimierer: Weichen Sie Hülsenfrüchte vor dem Kochen in Wasser ein – das reduziert die Kochdauer und damit den Energieverbrauch. Grob gerechnet sparen Sie pro eingesparter Stunde ein halbes Kilogramm CO_2. Außerdem bleiben mehr Vitamine erhalten als bei vorgekochten Hülsenfrüchten aus der Konserve.

Übrigens: Auch frische Hülsenfrüchte kommen hierzulande auf den Tisch, etwa in Form von Zuckererbsen sowie Busch- und Brechbohnen, deren Samen ausnahmsweise mit Hülse verspeist werden.

Hülsenfrüchte sind „urdeutsch"? Wer das glaubt, irrt leider. Der Löwenanteil ist importierte Trockenware. Erbsen kommen aus Kanada, Russland, den USA oder Frankreich. Bohnen stammen oft aus China, Myanmar und den USA, während Linsen hauptsächlich aus Kanada, Australien, der Türkei und den USA kommen.

Obwohl sie relativ weite Wege zurücklegen, schwillt die Klimabilanz von Hülsenfrüchten auch durch den Transport nicht nennenswert an. Gründe sind ihr geringes Gewicht und die Tatsache, dass sie per Schiff zu uns transportiert werden.

Auf zur kulinarischen Weltreise!

Plötzlich gar nicht mehr langweilig und verstaubt wirken Hülsenfrüchte, wenn wir sie für internationale Gerichte verwenden – quasi mit ihnen um die Welt reisen: Weiße Bohnen gehören nun mal in eine echt italienische Minestrone. Kidneybohnen kennt jeder aus Chili „con" oder „sin" Carne, also mit oder ohne (Hack-)Fleisch. Und was wäre das brasilianische Nationalgericht Feijoada ohne schwarze Bohnen?

Linsen eignen sich unter anderem perfekt für Suppen sowie als Salat. Auch Kichererbsen sind mittlerweile bei uns angekommen – in Form von Hummus und Falafel, aber auch in Curry-Gerichten wie unserem Rezept auf Seite 33. In gekochtem Zustand lassen sie sich auch zu Aufstrichen und Fleischersatz verarbeiten.

Um es auf den Punkt zu bringen: Hülsenfrüchte sind die beste Alternative zu tierischem Eiweiß. Sie liefern mehr Protein als jede andere Pflanze. In getrocknetem Zustand sind das je nach Sorte zwischen 20 und 38 Prozent – und damit teilweise sogar mehr als in Fleisch.

Im Duo mit Getreide unschlagbar

In Bezug auf die Proteinqualität schneiden Hülsenfrüchte leider etwas schlechter ab als Fleisch, da ihnen die Aminosäure Methionin fehlt. Dafür punkten sie mit einem hohen Anteil an Lysin. Bei Getreide ist es andersherum, sodass sich die beiden Gruppen ideal ergänzen. Insbesondere Vegetarier und Veganerinnen nehmen viel wertvolles Protein auf, wenn sie das pflanzliche Eiweiß aus Hülsenfrüchten, Getreide, Gemüse, Kartoffeln und Nüssen abwechslungsreich kombinieren.

Wenig Fett, kaum Kalorien

Hülsenfrüchte sind nicht nur hervorragende Proteinlieferanten, sie eignen sich auch perfekt für die leichte Küche: Sie enthalten mit Ausnahme von Sojabohnen sehr wenig Fett und haben eine geringe Energiedichte. Das heißt: Sie liefern nur wenige Kalorien.

Hülsenfrüchte sind reich an B-Vitaminen, vor allem B1, B6 und Folat. Letzteres spielt eine entscheidende Rolle für unse-

SPROSSEN ZIEHEN

Sprossen sind Nährstoffwunder. Zum Ziehen eignen sich u. a. Mungo- und Sojabohnen, Berg-, Teller- und Puy-Linsen, Erbsen und Kichererbsen. So geht's:

1. Geben Sie Hülsenfrüchte in ein Glas – maximal jedoch so viele, dass der Boden bedeckt ist. Geben Sie Wasser hinzu.

2. Stellen Sie das Glas an einen dunklen Ort. Sortieren Sie nach 24 Stunden alle Samen aus, die nicht gequollen, also größer geworden sind.

3. Befestigen Sie über der Öffnung des Glases mit einem Gummiring ein Stück Gaze.

4. Spülen Sie die Samen zwei- bis dreimal täglich in einem Sieb mit kaltem Wasser ab. Lassen Sie sie danach gut abtropfen. Sobald die Keimlinge zu sehen sind, kommt das Glas an einen helleren Ort.

5. Verzehrbereit sind die Sprossen, wenn sie ungefähr zweimal so lang wie ihre Samen sind. Wer Erbsen- oder Linsensprossen angesetzt hat, kann sich das Blanchieren sparen – Bohnensprossen dagegen bitte vor dem Verzehr kurz in Wasser aufkochen.

Entspricht einer Fahrt von ca. 100 Kilometern mit einem öffentlichen Linienbus im Fernverkehr (27 g/km).

CO_2-EINSPARUNG PRO PORTION

-2,6 kg

im Vergleich zu Kartoffel-Rindfleisch-Curry (→ S. 171)

Kartoffel-Kichererbsen-Curry

0,6 KG CO_2 PRO PORTION

Zubereitung

Zwiebel, Knoblauch und Ingwer schälen und fein hacken. Kartoffeln schälen und würfeln. Möhren putzen und würfeln. Lauch längs halbieren, waschen und in Halbringe schneiden. Die Kichererbsen in einem Sieb abtropfen lassen, dabei die Flüssigkeit auffangen.

Zwiebel, Knoblauch und Ingwer im heißen Öl andünsten. Tomatenmark, Currypulver, Kokosmilch, 350 ml kochendes Wasser aus dem Wasserkocher und Gemüsebrühpaste zugeben. Kartoffeln, Möhren und Lauch darin zugedeckt 25 Minuten garen. In den letzten 5 Minuten die Kichererbsen zugeben. In der Kichererbsenflüssigkeit ist Stärke enthalten. Wer mag, macht damit das Curry etwas sämiger. Mit Salz, Pfeffer, Currypulver nach Wunsch und Limettensaft abschmecken.

Kräuter abbrausen, trocken schütteln und die Blättchen fein hacken. Das fertige Curry mit Kräutern und Erdnüssen bestreut servieren.

Für 2 Portionen

- **1 Zwiebel**
- **2 Knoblauchzehen**
- **20 g Ingwer**
- **200 g Kartoffeln**
- **200 g Möhren**
- **1 kleine Lauchstange**
- **1 Dose Kichererbsen (260 g Abtropfgewicht) oder selbst vorgekocht**
- **2 EL Rapsöl**
- **2 EL Tomatenmark**
- **1–2 TL Currypulver (nach Geschmack mild oder scharf)**
- **200 ml Kokosmilch**
- **1 TL Gemüsebrühpaste**
- **Salz, Pfeffer**
- **Saft von ½ Limette (ersatzweise Zitronensaft oder Apfelessig)**
- **3–4 Stiele Koriander und Minze oder Kräuter nach Wahl**
- **2 EL geröstete Erdnusskerne**

Pro Portion

689 kcal, 38 g F, 54 g KH, 13 g Bst, 20 g E

Tipp:

Kokosmilch in Dosen trennt sich in einen wässrigen und einen festen Teil. Wenn man nur die halbe Menge der Kokosmilch verwenden möchte, stellt man die geschlossene Dose einige Zeit in warmes Wasser. Dann löst sich der feste Teil, man kann den Inhalt durchschütteln und besser portionieren. Angebrochene Kokosmilch bleibt im Kühlschrank gelagert ca. 5 Tage verwendbar.

Saison:

Im Curry schmeckt nahezu jedes Lieblingsgemüse. Versuchen Sie es im Frühling mit Kohlrabi und Spitzkohl, im Sommer mit Curry mit Blumenkohl und Erbsen. Eine köstliche Wintervariante gelingt mit Pastinaken und Wirsing.

Kidneybohnen-Burger mit Balsamico-Zwiebeln

0,3 KG CO_2 PRO PORTION

Für 2 Portionen

- 1 Dose Kidneybohnen (260g Abtropfgewicht) oder selbst vorgekocht
- 3 EL Haferflocken
- 1 TL Hefeflocken
- 1 EL Süßlupinen- oder Sojamehl
- 1 TL Baharat (arabische Gewürzmischung) oder Kreuzkümmel, Paprikapulver nach Geschmack und Zimt
- ½–1 TL Rauchsalz
- 2 Zwiebeln
- 3 EL Rapsöl
- ½ EL Zucker
- 4 EL Balsamicoessig
- 2 Burger Buns (gekauft oder Rezept S. 54)
- einige Salatblätter
- 1 große Tomate
- 2–3 EL Senf, Ketchup, Remoulade oder Burgersauce
- 2 EL Sprossen nach Wahl

Pro Portion

589 kcal, 17 g F, 72 g KH, 22 g Bst, 23 g E

CO_2-EINSPARUNG PRO PORTION

–1,1 kg

im Vergleich zu Burger-Pattys aus Rinderhack (→ S. 171)

Zubereitung

Kidneybohnen abgießen und abtropfen lassen. Mit einem Kartoffelstampfer oder Kochlöffel grob zerstampfen. Hafer- und Hefeflocken, Mehl und Gewürze gut untermischen und mit feuchten Händen zwei Pattys formen. Abgedeckt ca. 1 Stunde in den Kühlschrank geben. Dadurch lassen die Pattys sich besser braten.

Die Zwiebeln schälen und in ganze oder halbe Ringe schneiden. 1 EL Öl in einer beschichteten Pfanne erhitzen und die Zwiebeln darin bei mittlerer Hitze ca. 5 Minuten goldbraun braten. Den Zucker zugeben und kurz karamellisieren. Mit Essig ablöschen und 5–10 Minuten einkochen lassen, bis fast keine Flüssigkeit mehr vorhanden ist.

Die Buns aufschneiden und die Schnittflächen in einer beschichteten Pfanne ohne Fett knusprig rösten. Die Pattys im restlichen Öl von jeder Seite 4–6 Minuten braten.

Inzwischen den Salat putzen und trocken schütteln. Tomate waschen, vom Stielansatz befreien und in Scheiben schneiden. Bun nach Geschmack mit Senf, Ketchup, Remoulade oder Sauce nach Wahl bestreichen, mit Salat, Patty, Zwiebeln, Tomate und Sprossen belegen.

Tipp:

Versuchen Sie als Burgersauce mal das Birnen-Chutney aus unserem Rezept auf Seite 105.

Saison:

Außerhalb der Saison auf Tomaten verzichten. Dann Gewürzgurken oder abgetropfte fermentierte Blumenkohlblätter (S. 155) auf den Burger legen. Saisonale Blattsalate stehen das ganze Jahr bereit. Köstlich auch mit Bittersalaten wie Chicorée oder Radicchio.

ren Stoffwechsel. Ballaststoffe und komplexe Kohlenhydrate sorgen für ein anhaltendes Sättigungsgefühl, eine gute Verdauung und bauen die Darmflora auf. Des Weiteren liefern Hülsenfrüchte eine Menge Mineralstoffe und Spurenelemente wie Eisen, Zink, Magnesium und Kalium.

Nicht zum Knabbern geeignet

Hülsenfrüchte roh zu probieren, empfiehlt sich dagegen nicht. Zum einen würden die Zähne leiden und das Geschmackserlebnis hielte sich in Grenzen. Zum anderen könnten natürliche Giftstoffe wie Lektine, Protease-Inhibitoren und Blausäure Unverträglichkeiten oder sogar Vergiftungen auslösen. Erbsen bilden da keine Ausnahme: Sie enthalten zwar kaum Lektine, sind jedoch wegen unverdaulicher Ballaststoffe als Knabberei ebenfalls ein Flop.

Wer Sprossen aus Soja- oder Mungobohnen verwendet, sollte auch diese kurz erhitzen. Roh können sie Krankheitserreger übertragen. Gichtpatienten sollten beachten, dass Hülsenfrüchte Purine enthalten – Proteinverbindungen, die der Körper zu Harnsäure abbaut. Reich an Purinen sind Erbsen, dicke Bohnen und Linsen.

Auch zerstampft ein Genuss

Nach so viel geballter Theorie kommen wir zur Praxis. Wie wäre es mit unserem Rezept links – einem Patty aus Kidneybohnen. Genau, die nierenförmigen (englisch „kidney") Bohnen aus dem Chili, das es früher auf jeder Party gab. Mit etwas Zeit und viel Liebe zubereitet – am besten mit den Buns von Seite 54 –, sollte dieser Burger alles in den Schatten stellen, was Ihnen je an Fast Food angeboten wurde.

SO GEHT'S BESSER

Über Nacht einweichen. Weichen Sie getrocknete Hülsenfrüchte vor dem Kochen in kaltem Wasser ein. Bohnen und Kichererbsen benötigen zwölf Stunden und werden dann je nach Sorte zwischen 30 und 90 Minuten gekocht. Bei Linsen ist ein Einweichen wegen der kurzen Kochdauer nicht nötig.

Gründlich abspülen. Die Stoffe, die das Rumoren im Darm verursachen, gehen beim Einweichen zum Teil ins Wasser über. Vor allem Menschen mit empfindlichem Magen-Darm-Trakt sollten das Wasser deshalb wegschütten. Geben Sie die Hülsenfrüchte dazu einfach in ein Sieb und spülen Sie sie kurz unter fließendem Wasser ab.

Gewürze mitkochen. Fügen Sie dem Kochwasser Fenchel-, Kümmel- oder Kreuzkümmelsamen zu, um die Verträglichkeit zu verbessern. Auch Lorbeer, Ingwer und Anis beugen Blähungen vor.

Sofort salzen. Entgegen landläufiger Annahmen verlängert Salz die Kochdauer nicht, sondern verkürzt sie. Dasselbe gilt für Natron. Fügen Sie dem Kochwasser einen halben Teelöffel pro 100 Gramm Hülsenfrüchte zu – das spart Energie.

Nachquellen lassen. Kochen Sie die Hülsenfrüchte wie auf der Verpackung angegeben und lassen Sie sie anschließend für ca. fünf Minuten nachquellen. Auch das Kochwasser schütten Sie weg.

Essig am Ende. Wer Säure an das Gericht geben möchte, etwa zur Linsensuppe, sollte das erst nach dem Garvorgang tun, denn Essig & Co. im Kochwasser bewirken, dass die Hülsenfrüchte hart bleiben.

Röstaromen mal anders: Mehr Grünes auf den Grill!

Laut TÜV Rheinland belasten vor allem Rindfleisch und Grillkäse die Bilanz. Wer Fleisch oder Wurst grillen will, greift besser zu Schwein oder Geflügel. Ansonsten: Gemüse first!

Grüner grillen heißt: keine Kohle aus Tropenholz, sondern solche mit FSC- oder Naturland-Siegel.

Nutzen Sie statt Aluschalen wiederverwendbare Schalen aus Edelstahl oder Keramik. Auch Einweggeschirr und -Besteck sollten tabu sein.

95 Prozent der Emissionen entfallen nicht auf die Art des Grills, sondern das, was auf dem Rost brutzelt!

Umfragen zufolge greifen immer mehr Grillfans auch zu pflanzlichen Alternativen. Vorn dabei: Gemüsespieße und Maiskolben. Versuchen Sie auch mal marinierte Zucchini- oder Auberginenscheiben!

Einweggrills grillen schlecht und verursachen massig Müll. Besser sind Grill-Eimer und Klappgrills.

Besonders emissionsarm grillen Sie auf einem Elektrogrill, idealerweise mit Ökostrom betrieben! Dieser verursacht weniger Qualm – die Nachbarn freut‘s.

BOOSTER FÜR DIE CO_2-BILANZ

-13

KILOGRAMM CO_2

Großzügig Käse auf die Pasta zu hobeln, ist für viele ein Hochgenuss. Doch abgesehen davon, dass Parmesan aufgrund des enthaltenen Kälberlabs nicht einmal vegetarisch ist – er ist auch alles andere als klimaneutral. Seine Herstellung sorgt pro Kilogramm Käse für 6,3 Kilogramm CO_2. Zwar reichen für einen Teller zwei Esslöffel – doch auf Dauer läppert sich das. Was tun? Angenommen, zweimal pro Woche stehen Nudeln auf dem Tisch und Sie gönnen sich jeweils nur einen Löffel Parmesan – dann hätten Sie nach einem Jahr 13 Kilogramm CO_2 eingespart. Oder Sie machen aus 150 Gramm gehackten Cashewkernen, 3 Esslöffeln Hefeflocken, Salz und Knoblauchpulver Ihren eigenen Parmesan – garantiert vegan!

-53

KILOGRAMM CO_2

Wer die gewohnte länger haltbare Vollmilch aus dem Verbundkarton gegen Haferdrink austauscht, spart pro Kilogramm (entspricht Pi mal Daumen einem Liter) 1,1 Kilogramm CO_2. Macht bei einem statistischen Pro-Kopf-Verbrauch von 48 Kilogramm Milch im Jahr satte 53 Kilogramm Ersparnis.

Milch und Sahne gibt's auch ohne Kuh

Ob als Shake oder pur, ob heiß oder kalt: Milch ist für die meisten Menschen wichtiger Teil ihres Lebens – so selbstverständlich, dass wir das „Kuh-" davor meist gleich weglassen. Milch liefert neben hochwertigen Proteinen wichtige B-Vitamine und ist eine gute Quelle für Kalzium.

Keine Milch ohne Methan

Und doch ist Milch in der Kritik – allerdings nicht weil sie ungesund wäre oder Kühe gequält würden: Die Hälfte der konventionell gehaltenen Tiere fristet zwar ein Dasein im Laufstall. Doch der andere Teil darf zumindest zeitweise auf die Weide. Will der Bauer seine Milch als bio vermarkten, ist das sogar vorgeschrieben.

Warum Milch ein Imageproblem hat: Der Verdauungstrakt einer Kuh produziert am Tag bis zu 500 Liter Methan. Damit sie viel Milch geben, bekommen die meisten Kühe zudem Kraftfutter, dessen Zutaten in Ländern wie Brasilien angebaut werden – oft dort, wo vorher Regenwald stand.

Beides sorgt dafür, dass ein Liter länger haltbare Vollmilch im Verbundkarton (ESL-Milch) 1,4 Kilogramm CO_2 verursacht, fettarme fast ebenso viel (1,2 Kilogramm) und Bio-Vollmilch sogar mehr (1,7 Kilogramm).

Welcher Pflanzendrink darf's sein?

Damit landet Milch auf der Watchlist für unsere Challenge. Es gilt, den Verbrauch immer schön im Auge zu behalten. Oder öfter auf Pflanzendrinks zu setzen, wie sie längst nicht mehr nur Zeitgenossen mit Laktoseintoleranz oder Milcheiweiß-Allergie schätzen. Die bekanntesten Drinks werden aus Hafer, Soja, Mandeln und Reis hergestellt und kommen mit rund einem Viertel der CO_2-Emissionen aus.

Bezieht man Wasserverbrauch und Gewässerbelastung ein, liegen Haferdrinks vorn. Sie enthalten zwar nur rund ein Drittel so viel Eiweiß wie Milch – Kalzium sowie Vitamine sogar nur, wenn sie zugesetzt werden –, dafür liefern Haferdrinks mehr ungesättigte Fettsäuren und Ballaststoffe. Und: Der Hafer stammt aus Europa, oft sogar aus Deutschland.

Gut in Sachen Wasserverbrauch sind auch Sojadrinks, die fast so viel Eiweiß liefern wie Milch und ein ähnlich günstiges Fettsäuremuster aufweisen. Die Sojabohnen stammen meist aus Europa – Regenwälder werden vorrangig für Futtersoja gerodet. Die Herstellung von Mandel- und Reisdrinks ist ressourcenintensiver, vor allem aufgrund des hohen Wasserverbrauchs. Zudem entsteht beim Nassanbau von Reis klimaschädliches Methan.

Auch Milchprodukte gibt's in vegan

Milch zu ersetzen ist also nicht besonders schwer. Doch was ist mit Milchprodukten? Hier ein kurzer Überblick.

Käse: Viele Käsesorten sind vegan erhältlich. So wird veganer Cheddar aus Miso und Sojajoghurt hergestellt, veganer Mozzarella u. a. aus Tapiokastärke, veganer Milchsäure und Hefeflocken. Letztere eignen sich übrigens als Parmesan-Ersatz.

Sahne: Pflanzliche Alternativen lassen sich aus Sojabohnen, Hafer, Dinkel und Reis sowie Cashewkernen und Kokosnüssen herstellen. In Geschmack und Cremigkeit ist vegane Sahne dem Original ver-

MILCH & KÄSE IM FOKUS

No Milk Today? Aus der Klima-Perspektive betrachtet, handelt es sich bei Milch und Milchprodukten schlicht um Erzeugnisse aus der Haltung von Kühen. Und diese verursacht erhebliche Methanemissionen, die wiederum die Erderwärmung beschleunigen. Studien legen nahe, dass die Produktion eines Liters Milch in etwa so klimaschädlich ist wie das Verbrennen eines Liters Benzin. Selbst wenn das eventuell übertrieben ist: Milchtrinken ist alles andere als ein klimafreundliches Vergnügen.

Flüssige Pflanzen. So desillusionierend es auch ist: Der Umstieg von Fleisch und Wurst auf Käse und andere Milchprodukte bringt fürs Klima vergleichsweise wenig. Deshalb sind pflanzliche Alternativen gefragt. Deren wachsende Beliebtheit lässt den Pro-Kopf-Verbrauch an Milch schrittweise sinken. Zwischen 2020 und 2021 nahm dieser um 4,4 Prozent ab.

So ein Käse! Im selben Zeitraum sank der Pro-Kopf-Verbrauch an Butter und anderen Streichfetten auf Milchbasis um 3,3 Prozent auf 6,1 Kilogramm (Quelle: Bundesministerium für Ernährung und Landwirtschaft). Dagegen blieb der Verbrauch an Käse mit 25 Kilogramm relativ konstant. Legt man den durchschnittlichen Emissionswert pro Kilogramm Käse (5,7 Kilogramm CO_2) zugrunde, ist jeder von uns pro Jahr statistisch mit 144 Kilogramm CO_2 dabei.

CO_2-EINSPARUNG PRO PORTION

-0,5 kg

im Vergleich zu Kaiserschmarren klassisch (→ S. 172)

Veganer Kaiserschmarren

0,2 KG CO_2 PRO PORTION

Zubereitung

Mandeln in einer großen, beschichteten Pfanne ohne Fett goldbraun rösten. Dann auf einem Teller beiseitestellen.

Mehl, 1 EL Zucker, Backpulver, Natron und Vanillemark in einer Schüssel mischen. 2 EL Rapsöl, Haferdrink und Essig zugeben und mit einem Schneebesen gut unterrühren. Zum Schluss das Mineralwasser zufügen und nur kurz unterrühren.

1 EL Rapsöl in der schon benutzten, noch heißen Pfanne erhitzen. Den Teig einfüllen und die Rosinen gleichmäßig darüberstreuen. Bei mittlerer Hitze 5 Minuten goldbraun braten, ab und zu die Pfanne rütteln.

Den Teig in vier bis sechs Stücke teilen und diese in der Pfanne wenden. Restliches Öl zugeben und weitere 4–5 Minuten garen. Mit zwei Pfannenwendern den Kaiserschmarren in Stückchen reißen. (Gabeln beschädigen die Beschichtung der Pfanne.)

Den restlichen Zucker darüberstreuen und unter Schwenken 2–3 Minuten in der Pfanne karamellisieren lassen. Mit Puderzucker und Mandeln bestreut servieren.

Für 2 Portionen

2 EL Mandelblättchen
150 g Mehl (Dinkelmehl Type 630 oder Weizenmehl Type 405)
2 EL Zucker
1 TL Backpulver
½ TL Natron
Mark von ½ Vanilleschote
4 EL Rapsöl
180 ml Haferdrink ohne Zucker
1 TL Apfelessig oder Zitronensaft
5 EL Mineralwasser mit Kohlensäure
30 g Rosinen
etwas Puderzucker

Pro Portion

687 kcal, 26 g F, 93 g KH, 6 g Bst, 12 g E

Saison:

Der Schmarren hat keine Saison, aber die fruchtige Beilage kann im Laufe des Jahres variieren. Kompotte aus Pflaumen oder Äpfeln sind Klassiker. Aber auch ein frischer Obstsalat, beispielsweise aus Beeren, Pfirsichen und Melonenstückchen, ist ein perfekter Begleiter für den Kaiserschmarren. Im Frühling schmeckt Erdbeer-Rhabarber-Kompott zur Mehlspeise.

Rote-Bete-Quiche

0,1 KG CO_2 PRO PORTION

Für 1 Quicheform, ca. 8 Stücke

200 g Mehl (Weizenmehl Type 405 oder Dinkelmehl Type 630) + etwas für die Arbeitsfläche
¼ TL Salz
½ TL gemahlene Kurkuma
80 g Margarine + etwas für die Form
3 EL kaltes Wasser + eventuell etwas mehr
400 g Seidentofu
3 EL Sojasauce
2 EL Speisestärke
1 EL Flohsamenschalen
1 TL Zucker
1 TL Backpulver
Pfeffer
500 g vorgegarte Rote Bete, z. B. gleichzeitig mit Brot im Ofen gegart (S. 147)
1 kleiner Apfel
1 EL Mandelblättchen
1 EL Kürbiskerne

Pro Portion
276 kcal, 12 g F, 31 g KH, 4 g Bst, 7 g E

CO_2-EINSPARUNG PRO PORTION

–0,3 kg

im Vergleich zu Quiche klassisch (→ S. 172)

Zubereitung

Mehl, Salz und Kurkuma mischen, Margarine in Flöckchen und Wasser zugeben. Mit den Knethaken oder den Händen zu einem glatten Teig verarbeiten und abgedeckt 30 Minuten in den Kühlschrank stellen. Eventuell teelöffelweise weiteres Wasser zugeben, wenn der Teig zu trocken ist.

Seidentofu mit Sojasauce, Stärke, Flohsamenschalen, Zucker und Backpulver mischen. Mit Pfeffer würzen. Salz ist eher nicht nötig, da die Sojasauce recht viel Salz enthält.

Rote Bete würfeln. Apfel waschen und grob raspeln.

Den Teig auf einer bemehlten Arbeitsfläche ausrollen und in die gefettete Form legen. Rote Bete und Apfelraspel kurz unter die Tofumasse heben und in die Form füllen. Mandeln und Kürbiskerne darauf verteilen und im Ofen bei 200 °C (Umluft 180 °C) ca. 40 Minuten backen. Vor dem Anschneiden kurz abkühlen lassen. Dazu passt ein Blattsalat der Saison.

Saison:

Rote Bete gibt es fast das ganze Jahr aus heimischem Anbau. Die Quiche schmeckt aber auch mit Spargel, Lauch, Spinat, Wirsing oder Grünkohl. Da das Gemüse vorgegart sein muss, eignen sich natürlich auch Reste von vorherigen Gemüsemahlzeiten.

Resteverwertung:

Übrig gebliebene Quichestücke werden kurz in einer beschichteten Pfanne mit wenig Öl gebraten – fast noch besser als direkt aus dem Ofen.

Schummel-Deal 1

Wer einmal wöchentlich auf ein Vollbad (120 Liter) verzichtet und sparsam duscht (40 Liter), verursacht pro Jahr rund 70 Kilogramm weniger CO_2 und spart 20 Euro für Heizenergie und Wasser. Wer die CO_2-Ersparnis in Genuss investieren will, könnte dafür z. B. jeden Tag 100 Milliliter fettarme Milch erhitzen und aufschäumen – gerade genug für einen Cappuccino!

Schummel-Deal 2

Mit programmierbaren Thermostatventilen an Heizkörpern ist die Temperatur raumweise steuerbar. Das spart in einer 70-Quadratmeter-Wohnung mit sechs Heizkörpern ungefähr 270 Kilogramm CO_2 pro Jahr. Theoretisch könnten sich die Bewohner davon 60 doppelte Burger einer bekannten Fastfood-Kette „leisten" (Quelle: Plate up for the Planet).

gleichbar. Zum Verfeinern von Soßen, Suppen und Dips eignen sich vegane Kochcreme und Kokosmilch. Auch eine standfeste Sahnecreme ist ohne Weiteres machbar: Dafür mischt man Pflanzensahne, etwas Agar-Agar und Pfeilwurzelstärke.

Joghurt: Veganer Joghurt ist ähnlich cremig wie sein Vorbild. Er wird meist aus Soja gemacht, doch auch Mandeln, Hafer, Lupinen und Reis sowie Kokosnüsse und Hanf kommen zum Einsatz.

Quark: Basis ist meist Soja-, Mandel- oder Cashewmilch, die mit probiotischen Bakterienkulturen versetzt wird.

Margarine essen – Klima schützen

Was ist gelb, immer zu hart und schadet dem Klima? Klar, Butter. Laut Institut für Energie- und Umweltforschung (ifeu) schlägt ein Kilogramm mit bemerkenswerten 9,0 Kilogramm CO_2 zu Buche!

Wer seine Bilanz verbessern will, setzt auf Margarine. Zum Kochen und Backen eignen sich außerdem Öle wie Raps- oder geschmacksneutrales Traubenkernöl. Aufpassen: Nicht jede Margarine ist vegan – manche Produkte sind mit Buttermilch oder Vitamin D aus Wollfett angereichert.

Von der Klimawirkung her zwischen Margarine und Butter liegen Mischstreichfette – Butter, die mit pflanzlichen Fetten wie Rapsöl angereichert wurde. Wer es farblich und geschmacklich überraschend mag, streicht sich zur Abwechslung Pesto, Tomatenmark oder süßen Senf aufs Brot. Geht nicht? Gibt's nicht!

Lebensmittel-Siegel: „Bio“ ist erste Wahl

GESETZLICHE BIO-SIEGEL

Verpackte ökologische Lebensmittel, die in der EU produziert wurden, tragen das EU-Bio-Logo. Das stilisierte Blatt garantiert, dass pflanzliche Zutaten zu mindestens 95 Prozent aus ökologischem Landbau stammen, auf Gentechnik, organisch-synthetische Pflanzenschutz- und chemisch-synthetische Düngemittel verzichtet und Tiere artgerechter gehalten wurden. Zusätzlich tragen viele Waren das deutsche Bio-Siegel, das jedoch keine strengeren Regeln vorgibt. Unverpackte oder aus Nicht-EU-Ländern importierte Bio-Lebensmittel können das EU-Logo freiwillig tragen. Allerdings sind Produkte etwa aus China und der Türkei kaum überprüfbar.

FREIWILLIGE BIO-SIEGEL

Deutlich höhere Anforderungen stellen deutsche Öko-Anbauverbände wie Bioland, Naturland, Biokreis, Demeter und Gäa. Wollen Hersteller deren Logos auf ihren Produkten abbilden, müssen sie komplett ökologisch wirtschaften – Betriebszweige wie die Tierhaltung dürfen nicht ausgenommen sein. Außerdem erlauben die Label deutlich weniger Tiere pro Hektar Nutzfläche als das EU-Logo. Deren Futter muss zudem mindestens zu Hälfte vom eigenen Hof stammen. Verarbeitete Produkte dürfen weniger Zusatzstoffe enthalten.

TIERWOHL-SIEGEL

Die Vorgaben des Labels Initiative Tierwohl liegen über den gesetzlichen Anforderungen, sind aber relativ niedrig. Schweine und Geflügel erhalten ein Mindestmaß an Platz und Tageslicht, doch Kriterien für Transport und Schlachtung fehlen. Fleisch aus dem Supermarkt trägt oft das Label „Haltungsform". Doch laut Verbraucherzentrale stehen nur die Stufen 3 (Außenklima) und 4 (Premium) für deutlich bessere Tierhaltung. Diesen entsprechen in etwa den beiden Stufen des Labels „Für mehr Tierschutz" des Tierschutzbundes. Strengere Kriterien legt der Verein Neuland an, dessen Fleisch in ausgewählten Fleischereien und Hofläden erhältlich ist.

SOZIALSIEGEL

Kaffee, Tee, Schokolade, Blumen – wer Produkte mit Fairtrade-Siegel kauft, setzt auf rückverfolgbare Rohstoffe und soziale sowie ökonomische Standards. Kleinbauern bekommen Mindestpreise, Kinder- und Zwangsarbeit sind verboten, genauso wie bestimmte Pestizide und genverändertes Saatgut. Auch wenn rund 70 Prozent der Produkte gleichzeitig bio sind – ein Ersatz für Bio-Siegel ist Fairtrade nicht. Teilweise noch strengere Anforderungen als Fairtrade stellen Gepa und El Puente. Vertrauenswürdig sind auch Naturland fair und Rapunzel Hand in Hand. Hingegen ist Rainforest Alliance ein Siegel mit Fokus auf Biodiversität und Ökosystemen.

BOOSTER FÜR DIE CO_2-BILANZ

-8,0

KILOGRAMM CO_2

Aufgrund der um Welten klimaschonenderen Anbaumethode schlägt ein Kilogramm Dinkelreis mit 2,4 Kilogramm weniger CO_2-Emissionen zu Buche als dieselbe Menge Reis aus Nassanbau. Angenommen, Sie essen pro Jahr genau die statistische Pro-Kopf-Menge von 6,7 Kilogramm und ersetzen die Hälfte davon durch Dinkelreis – dann hätten Sie am Ende rund 8 Kilogramm CO_2 gespart.

Dinkel & Co.: Es muss nicht immer Reis sein

Ohne Reis geht in der asiatischen Küche bekanntlich gar nichts und auch bei uns ist er kaum wegzudenken. Ob Lang- oder Rundkorn, Vollkorn- oder Wildreis – wer hat da schon auf der Rechnung, dass der in Asien traditionelle Reisanbau enorme Mengen an Klimagasen verursacht?

Fakt ist aber: Weltweit gehen geschätzt 2,5 Prozent aller Treibhausgasemissionen auf sein Konto. Grund ist der Nassanbau, bei dem Felder und Terrassen unter Wasser gesetzt werden – mit der Folge, dass organische Stoffe unter der Oberfläche verfaulen und Methan freisetzen, das über 20-mal schädlicher fürs Klima ist als Kohlendioxid. Hinzu kommt je nach Anbaumethode Lachgas, dessen Wirkung die von CO_2 um das über 300-Fache übersteigt!

Reis kaum besser als Schwein

Zwar experimentieren Forscher mit klimafreundlicheren Sorten und Anbaumethoden, doch bis auf Weiteres ist Reis in Sachen Treibhausgase nur unwesentlich besser als Schweinefleisch. Ein klarer Fall für unsere Challenge: Reis steht ab sofort nur noch dann auf dem Speiseplan, wenn es nicht anders geht.

Meist tut es das jedoch. Gut, dass es Beilagen mit regionaler Herkunft gibt. Fantasievoll zubereitet, haben Kartoffeln und Nudeln, aber auch Getreide wie Weizen, Dinkel und Hafer das Zeug zum Hauptdarsteller! So eignet sich Bulgur – türkisch für „Weizengrütze" – als Hackalternative für Nudelsaucen genauso wie zum Füllen von Auberginen und Paprika.

Aus Grünkern, unreif geerntetem Dinkel, können knackige Bratlinge oder herzhafte Brotaufstriche entstehen, die an grobe Leberwurst erinnern.

Wenn möglich, Vollkorn wählen

Dank ihres hohen Anteils an Stärke machen Getreide und Co. anhaltend satt. Außerdem liefern sie wertvolle Nährstoffe. So enthält Getreide neben Eiweiß, Fett und Ballaststoffen auch Mineralstoffe wie Eisen, Kalium, Mangan, Phosphor und Zink sowie die Vitamine E, B1 und B2.

Bei der Gelegenheit: Wählen Sie nach Möglichkeit die Vollkorn-Variante – sie ist genauso klimafreundlich, liefert jedoch noch mehr Vitamine sowie Ballast- und Mineralstoffe, die in den Randschichten des Korns und im Keimling stecken.

Auch das eingangs erwähnte Reisproblem ist nicht sonderlich schwer zu lösen: Probieren Sie statt Basmati- oder Jasminreis doch mal Dinkelreis, auch Dinkelgraupen genannt. Dinkelreis besteht aus geschälten und geschliffenen Körnern, die sich ohne Einweichen kochen lassen. Klima-Vorteil: Statt satter 3,1 Kilogramm CO_2 beim Reis verursacht ein Kilogramm Dinkelgraupen nur 0,7 Kilogramm!

Zeit sparen mit Couscous & Co.

Weitere extrem unterschätzte Alternativen sind Hirse und Graupen, z. B. als Salat oder als „Hirsotto" und „Graupotto" (siehe Rezepte Seite 51 und 165). Auch Couscous und Bulgur sind top. Sie lassen sich äußerst schnell und einfach zubereiten. Einfach mit derselben Menge heißer Brühe oder Wasser übergießen, abdecken, zehn Minuten quellen lassen – fertig!

REISANBAU IM FOKUS

Reis aus Trockenanbau. Umwelt- und klimafreundlicher ist Reis aus Trockenanbau, so wie er in Afrika und Südamerika fast ausschließlich produziert wird. Allerdings haben die Bauern dabei vermehrt mit Unkraut und Schädlingen zu kämpfen, weshalb der Pestizideinsatz steigt. Damit Reis aus Trockenanbau eine nachhaltige Alternative ist, sollte er aus ökologischem Anbau stammen. Der weltweite Bedarf ließe sich allerdings derzeit auf diese Weise nicht decken – noch sind dazu die Erntemengen zu gering.

Alternative Getreidesorten … Zum Glück gibt es klimafreundlichere Beilagen. Sogar noch besser als Hülsenfrüchte schneiden Weizen, Roggen, Hafer, Hirse und andere Getreidearten ab – inklusive verarbeiteter Produkte wie Bulgur, Couscous, Perlgraupen und natürlich Nudeln in allen Formen. So ist der CO_2-Fußabdruck eines Kilogramms Nudeln mit 0,7 Kilogramm CO_2 vergleichsweise schmal.

… oder gleich Kartoffeln. Echte Klima-Champions sind Kartoffeln mit 0,2 Kilogramm CO_2 pro Kilogramm. Werden sie allerdings zu Gnocchi verarbeitet, steigt der Wert auf 0,6 Kilogramm CO_2. Aufgrund der effizienten Produktion ist das aber immer noch besser, als Gnocchi selbst herzustellen. Ein Kilogramm tiefgekühlte Pommes schlägt mit 0,7 Kilogramm CO_2 zu Buche. Kommen die Knollen jedoch aus Ägypten oder China, haben sie eine deutlich schlechtere Bilanz – dasselbe gilt für Fertigprodukte aus dem Kühlregal wie Kartoffelsalat oder Knödelteig.

Curryhirse mit mariniertem Fenchel

0,4 KG CO_2 PRO PORTION

Zubereitung

Fenchel putzen, halbieren und in feine Streifen hobeln oder schneiden. Fenchelgrün hacken und beiseitestellen. Zitronensaft, Olivenöl, Salz, Pfeffer und Zucker zu den Fenchelstreifen geben und diese bis zum Servieren durchziehen lassen. Trauben waschen und abtropfen lassen, eventuell halbieren.

250 ml Wasser im Wasserkocher aufkochen und in einem Topf mit der Gemüsebrühpaste verrühren. Hirse und Currypulver zugeben, aufkochen und bei ganz niedriger Temperatur zugedeckt 15 Minuten quellen lassen. Spinat waschen, trocken schütteln und in den letzten 2 Minuten zugeben und zusammenfallen lassen.

Den Sud vom Fenchelsalat abgießen und unter die Hirse mischen. Hirse-Spinat-Mischung eventuell mit Salz und Pfeffer abschmecken und in zwei Schalen füllen. Den Fenchel darauf anrichten und mit Fenchelgrün, Trauben, Sonnenblumenkernen und Schwarzkümmel garnieren.

Joghurt mit Kurkuma und wenig Salz verrühren und zur Bowl servieren.

Für 2 Portionen

1 mittelgroße Fenchelknolle
2 EL Zitronensaft
2 EL Olivenöl
Salz, Pfeffer
½ TL Zucker
125 g rote Trauben
1 gehäufter TL Gemüsebrühpaste
125 g Hirse
1 TL Currypulver (nach Geschmack mild oder scharf)
100 g junge Spinatblätter
2 EL Sonnenblumenkerne
1 TL Schwarzkümmel
100 g Joghurt oder Joghurtalternative
½ TL gemahlene Kurkuma

Pro Portion

543 kcal, 20 g F, 67 g KH, 8 g Bst, 17 g E

Saison:

Auch dünne Streifen von Spargel, Gurke, Chicorée, Radicchio oder Chinakohl eignen sich für das Topping dieser Bowl. Als fruchtige Variante schmecken Pflaumen, Erdbeeren oder Nektarinen. Außerhalb der Spinatsaison frische Kräuter unter die fertig gegarte Hirse mischen. Versuchen Sie es mal mit Rucola oder einer Mischung aus Koriander, Minze und Basilikum.

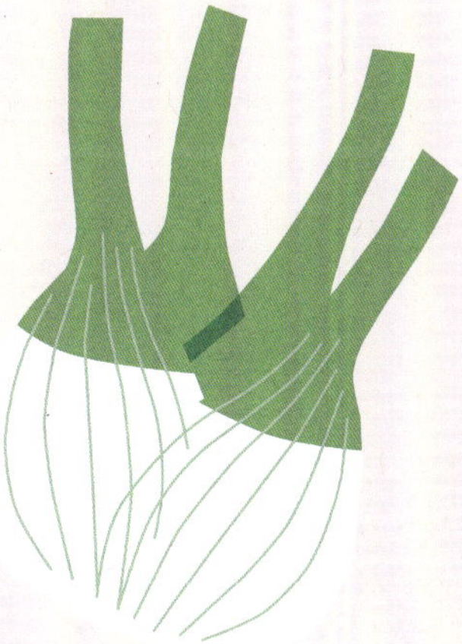

BOOSTER FÜR DIE CO_2-BILANZ

–21

KILOGRAMM CO_2

Wer von den 239 Eiern, die er laut Statistik im Jahr 2020 verspeist hat, nur jedes fünfte – also insgesamt 48 Stück – durch vegane Alternativen ersetzt, spart über acht Kilogramm CO_2. Wer es sogar schafft, die Hälfte wegzulassen, reduziert seine Bilanz um fast 21 Kilogramm (Quellen: Bundesanstalt für Landwirtschaft und Ernährung, Ifeu; Werte für Größenklasse M).

Backen und Kochen ohne Eier? Klar doch!

„Backe, backe Kuchen" – das Kinderlied liefert uns ein Grundrezept für Rührkuchen. Drei der „sieben Sachen" sind tierischen Ursprungs: Eier, Schmalz, Milch. Dass Eier an erster Stelle stehen, ist kein Zufall, besitzen sie doch großartige Eigenschaften: Sie halten den Kuchenteig zusammen und lockern ihn gleichzeitig auf.

Doch angesichts von 3 Kilogramm CO_2-Emission pro Kilogramm Ei und oft miserabler Lebensbedingungen der Legehennen fragen sich nicht nur Hobbybäckerinnen: Schmeckt so ein Kuchen auch ohne Eier – oder sogar ohne tierische Produkte? Antwort: Er schmeckt. Vegane Binde- und Triebmittel gibt es praktisch wie Eier im Osternest. In puncto Geschmack gilt auch hier: am besten ausprobieren!

Ersatz je nach Einsatzzweck

Als Ersatz für jeweils ein Ei kommen infrage: ein Esslöffel Sojajoghurt, zwei bis drei Esslöffel Apfelmark sowie eine halbe zerdrückte Banane. Sie binden den Teig und halten ihn feucht und locker. Während sich der Apfelgeschmack beim Backen in eine nahezu neutrale Süße verwandelt, sollte das Bananenaroma zum Ergebnis passen, zum Beispiel Pancakes. Um unerwünschte Süße zu vermeiden, kommt veganes Ei-Ersatzpulver infrage: Ein Teelöffel, verrührt mit zwei Esslöffeln Wasser, ersetzt ein Ei.

Drei gestrichene Teelöffel Natron, vermischt mit zwei bis drei Teelöffeln Apfelessig, lassen Kuchenteige aufgehen – dasselbe gilt für zwei Esslöffel Kartoffel- oder Maisstärke, verrührt mit drei Esslöffeln

Mineralwasser. Soll der Teig eher klebrig sein, ist es besser, dieselbe Menge Wasser mit einem Esslöffel Sojamehl zu verrühren.

Genial: „Eischnee" etwa für Baiser lässt sich aus Aquafaba herstellen – der Flüssigkeit, die beim Kochen von Kichererbsen und Bohnen entsteht (außer bei Lima- und Urdbohnen: Blausäuregefahr!). Klappt auch mit Aquafaba aus Konservendosen!

Bindung dank Tofu und Haferflocken

Für Desserts, Tartes und Quiches ist pürierter Seidentofu perfekt, da er eine cremige Konsistenz besitzt und wie Ei stockt – ideal auch für Cheesecakes (und die Muffins in unserem Rezept auf Seite 57). Faustregel: Fünf Esslöffel Tofu ersetzen ein Ei.

Auch als Frühstück sind Eier ein Klassiker. Mit zerbröseltem festen Tofu, etwas Kurkumapulver und Hefeflocken lässt sich ein leckeres veganes „Rührei" zaubern. Wer den Geschmack der Eier vermisst, hilft mit Kala Namak (Schwefelsalz) nach.

Als Bindemittel für Gemüsebratlinge, Kartoffelpuffer und vegane Buletten eignen sich zarte Haferflocken: Pro Ei drei bis vier Esslöffel in die Masse geben, zehn Minuten ziehen lassen, ausbacken. Für Pfannkuchen sind Haferflocken ebenfalls top – oder gemahlene Lein- oder Chiasamen. Für Mayonnaisen, Puddings und Cremes ist Johannisbrotkernmehl erste Wahl, da es auch kalte Flüssigkeiten andickt. Es eignet sich auch für Suppen und Saucen.

Nur als Hauptdarsteller sind Eier meist unersetzlich, etwa bei Senfeiern. Doch schon im aus Nordafrika stammenden Pfannengericht Shakshuka lassen sich die pochierten Eier durch ein paar Kleckse Sojajoghurt oder pflanzliche Sahne ersetzen.

EIER IM FOKUS

Tierwohl im Blick. Wer die Klimabilanz tierischer Lebensmittel betrachtet, sollte auch das Wohl der Tiere beachten. Die Wahrheit über Eier lautet: Der allergrößte Teil stammt aus Massentierhaltung, bei der Tiere leiden müssen.

Tägliches Leid. Die meisten der derzeit rund 45 Millionen Legehennen in Deutschland (Stand: 2021) leben in einer Umgebung, die nichts mit ihrem natürlichen Habitat zu tun hat: Die Tiere leben in riesigen Gruppen, haben zu wenig Platz, können Grundbedürfnisse wie Scharren und Picken nicht ausleben und leiden unter Verhaltensstörungen, die oft zu Verletzungen führen.

Auch bio nicht ideal. Die biologische Erzeugung hat neben der Möglichkeit zum Auslauf den Vorteil, dass die Hühner in kleineren Gruppen gehalten werden. Deren Größe – immer noch bis 3000 Hühner – hat jedoch ebenfalls nichts mit der natürlichen Lebensweise der Tiere zu tun. Dennoch gilt: Wenn Eier, dann bitte auf jeden Fall bio!

Emissionen durch Kraftfutter. Der „Carbon Footprint" von Eiern wird maßgeblich durch das Futter bestimmt. Damit Hennen die erwartete Legeleistung bringen, bekommen sie Kraftfutter, das zum Teil aus importiertem Soja besteht.

Betriebe in der Pflicht. Laut einer Studie des Forschungsinstituts für biologischen Landbau (FiBL) von 2021 könnten deutsche Legehennen-Betriebe ihren CO_2-Fußabdruck verringern, wenn sie regional zertifiziertes Soja einsetzten. So ließen sich von den 3,0 Kilogramm Emissionen pro Kilogramm Ei rund 40 Prozent vermeiden.

Vegane Burger Buns

0,1 KG CO_2 PRO BUN

Für 6 Stück

150 ml Haferdrink ohne Zucker, zimmerwarm
½ Würfel Frischhefe oder 1 Pck. Trockenhefe
1 TL Zucker
300 g Dinkelmehl Type 630 (ersatzweise Weizenmehl Type 405)
½ TL Salz
50 g Margarine + etwas für das Backblech
nach Wunsch 1 EL Sesamsamen, Mohn, Schwarzkümmel

Pro Portion

257 kcal, 8 g F, 37 g KH, 2 g Bst, 6 g E

Zubereitung

Den Haferdrink mit Hefe, Zucker und 2 EL Mehl verrühren und 10 Minuten stehen lassen. So kann man sehen, ob die Hefe arbeitet.

Das restliche Mehl, Salz und Margarine in eine Schüssel geben, die Hefemischung zufügen und alles mit den Knethaken zu einem geschmeidigen Teig verarbeiten. Zugedeckt ca. 1 Stunde gehen lassen, bis der Teig sein Volumen ca. verdoppelt hat. Man kann den Teig auch morgens zubereiten und in einer verschlossenen Dose im Kühlschrank bis abends reifen lassen.

Den Teig in sechs gleich große Portionen teilen und mit den Händen zu flachen, runden Brötchen formen. Nebeneinander auf ein gefettetes Backblech geben und nach Wunsch mit Sesam, Mohn, Schwarzkümmel oder einer Mischung daraus bestreuen.

Das Blech auf der mittleren Schiene in den Ofen schieben und bei 180 °C (Umluft 160 °C) 20–25 Minuten backen. Vorheizen ist nicht nötig. Die Aufheizzeit wird sozusagen für das zweite Aufgehen des Hefeteigs verwendet.

Tipp:

Wer 10–20 Minuten Gehzeit sparen möchte, verwendet handwarmen Haferdrink. Bei zu hohen Temperaturen (über 40 °C) sterben die Hefekulturen jedoch ab und der Teig geht überhaupt nicht auf.

Resteverwertung:

Die Buns halten sich im Brottopf oder Kunststoffbeutel einige Tage. Vor dem Weiterverwenden kurz auftoasten.

CO$_2$-EINSPARUNG PRO PORTION

-0,1 kg

im Vergleich zu Blaubeermuffins klassisch (→ S. 172)

Vegane Blaubeermuffins

0,1 KG CO_2 PRO MUFFIN

Zubereitung

Die Mulden der Muffinform mit Margarine ausstreichen. Den Backofen auf 180 °C (Umluft 160 °C) vorheizen. Die Blaubeeren waschen und gut abtropfen lassen.

Mehl, Backpulver, Flohsamenschalen, Zucker und Salz in einer Schüssel mischen. Apfelmark, Rapsöl und Mineralwasser nur kurz unter den Teig rühren. Zum Schluss die Blaubeeren unterheben.

Den Teig in die Form füllen. Die Muffins 20–25 Minuten backen, mit einem Stäbchen prüfen, ob sie durchgebacken sind, und abkühlen lassen. Vorsichtig aus der Form heben und mit Puderzucker bestreut servieren.

Für 12 Stück

- 1 EL Margarine, weich
- 150 g Blaubeeren
- 280 g Mehl (Dinkelmehl Type 630 oder Weizenmehl Type 405)
- 1 Pck. Backpulver
- 2 gehäufte TL Flohsamenschalen
- 100 g Zucker
- 1 Prise Salz
- 4 EL Apfelmark, ungesüßt
- 10 EL Rapsöl
- 150 ml Mineralwasser mit Kohlensäure
- Puderzucker zum Bestreuen

Pro Portion

217 kcal, 9 g F, 29 g KH, 2 g Bst, 2 g E

Tipp:

Apfelmus enthält im Gegensatz zu Apfelmark zugesetzten Zucker. Wer Mus verwendet, kann die Zuckermenge in den Muffins um 10–20 g reduzieren. Praktisch: Babygläschen! Apfel pur gibt es in guter Bioqualität ohne Zuckerzusatz in kleinen Mengen.

Saison:

Die Muffins gelingen auch mit Himbeeren oder Stachelbeeren. Auch gut: Apfel-, Birnen- oder Pflaumenwürfel. Natürlich auch lecker mit Nüssen und Schokostückchen.

Resteverwertung:

Die Muffins bleiben in einer verschließbaren Dose einige Tage frisch. Köstlich auch als schnelles Dessert: Muffins zerbröckeln, in Gläser füllen und eventuell mit etwas Likör oder Sherry beträufeln. Darauf frische Beeren oder Fruchtwürfel und eine Creme aus Joghurt oder einem Alternativprodukt mit etwas Zitronensaft und Zucker verrührt.

Veganer Marmorkuchen

0,1 KG CO_2 PRO STÜCK

<u>Für 1 kleine Kastenform (20 cm), ca. 10 Scheiben</u>

250 g Weizenmehl Type 405 oder Dinkelmehl Type 630 + etwas für die Form
50 g Speisestärke
1 Pck. Backpulver
160 g Zucker
2 Pck. Vanillezucker mit echter Vanille
1 Prise Salz
100 ml Rapsöl + etwas für die Form
120 ml Haferdrink ohne Zucker
100 ml Mineralwasser mit Kohlensäure
1 ½ EL Kakaopulver

<u>Pro Portion</u>

290 kcal, 11 g F, 41 g KH, 2 g Bst, 4 g E

Zubereitung

Mehl, Stärke und Backpulver in eine Schüssel sieben. Zucker, Vanillezucker und Salz zugeben. Eine Kastenform mit Öl ausstreichen und mit Mehl bestäuben. Den Backofen auf 180 °C (Umluft 160 °C) vorheizen.

Öl und 100 ml Haferdrink in einer Schüssel verquirlen und zusammen mit dem Mineralwasser zügig unter die trockenen Zutaten rühren. Zwei Drittel des Teigs in die vorbereitete Form füllen, den restlichen Teig mit Kakao und dem restlichen Haferdrink (2 EL) verrühren. Die Flüssigkeit ist nötig, damit der Schokoteig die gleiche Konsistenz hat wie der helle Teig. Den Schokoteig auf den hellen Teig geben und eine Gabel spiralförmig durch den Teig ziehen, damit er marmoriert wird.

Den Kuchen 40–50 Minuten backen. In einem Muffinblech gebacken, beträgt die Garzeit nur 25–30 Minuten.

Tipp:

Bei Aufläufen oder Hefeteig absolut nicht nötig – Rührteig mag es aber, in den vorgeheizten Ofen zu kommen. Er geht sonst nicht fluffig auf.

Der Kuchen schmeckt natürlich auch ohne Marmorschicht. Zur Abwechslung gehackte Schokolade unter den Vanilleteig ziehen. Für einen Zitronenkuchen Abrieb und Saft von 1 Bio-Zitrone unterziehen, die Menge an Haferdrink dann um die Menge Zitronensaft reduzieren.

CO_2-EINSPARUNG PRO PORTION

-0,3 kg

im Vergleich zu klassischem Marmorkuchen (→ S. 172)

Entspricht dem 12-minütigen Aufbacken einer Fertigpizza im Backofen bei 250 Grad.

SO GEHT'S BESSER

Fertigaufstriche abwechseln. Am schnellsten sind vegetarische oder vegane Aufstriche zur Hand, wenn man Fertigprodukte kauft. Relativ wenig verarbeitet sind Frisch- und Hüttenkäse sowie Pesto, Tomatenmark und – wer mag – Senf. Aufgrund effizienter Produktionsverfahren haben Fertigaufstriche zudem in aller Regel eine bessere Klimabilanz als Eigenkreationen.

Kreativ werden. Wer Aufstriche selbst herstellen, den Aufwand aber begrenzen will, erzielt schon mit zwei oder drei Zutaten beeindruckende Ergebnisse. So ergeben Kürbis und Kichererbsen eine leckere Hummus-Variante, gekochte Linsen, getrocknete Tomaten und etwas Rosmarin eine vegane Leberwurst. Weitere Super-Kombis sind: Rote Bete & Meerrettich, Paprika & Koriander sowie Aubergine, Chili & Knoblauch.

Schokocreme selbst machen. Selbst Nuss-Nougat-Creme lässt sich selbst herstellen: aus Haselnüssen, Kokosöl und Kakaopulver sowie Vanillearoma und Honig oder Agavendicksaft zum Süßen. Wer Abwechslung liebt, findet auf Seite 69 ein tolles Rezept für eine Schoko-Maronen-Creme.

Motor statt Muskeln. Ein Pürierstab zählt zur Grundausstattung bei der Aufstrich-Produktion. Besonders fein und cremig wird das Ganze mit einem Hochleistungsmixer oder einer Küchenmaschine. Wer einen Smoothie-Maker besitzt, probiert zunächst, wie weit er damit kommt.

Alternative aufs Brot: Aufstrich statt Aufschnitt

Die beliebtesten Brotaufstriche der Deutschen sind Marmelade, Honig und Nuss-Nougat-Creme. Alle drei sind pflanzlich – immerhin. Dennoch sind vor allem die industrielle Honigproduktion in Ländern wie China und der hohe Palmölanteil in Nuss-Nougat-Cremes keine Ruhmesblätter in Sachen Nachhaltigkeit – und der hohe Zuckeranteil schlecht für die Gesundheit.

Auffällig: Alle drei Publikumslieblinge sind Klassiker auf dem Frühstückstisch. Den Rest des Tages werden Brot und Brötchen traditionell weniger bestrichen als vielmehr belegt – am liebsten dick mit Wurst-, Schinken- und Käseaufschnitt.

Vegane Aufstriche holen auf

Diese Vorliebe spiegelt sich in den Auslagen unserer Supermärkte wider. Gegenüber der Ehrfurcht gebietenden Vielfalt aus Brühwurst, Salami und Schinken, der Übermacht von Gouda, Emmentaler und Camembert sind Brotaufstriche – zumal rein pflanzliche – bislang kaum mehr als Nischenprodukte. Wenn schon schmieren, denken offenbar viele, dann Teewurst, Leberpastete oder Griebenschmalz.

Vegetarische Aufstriche wie Frischkäse sind zwar besser als Wurst und Schinken, werden jedoch ebenfalls aus der Milch von Tieren hergestellt. Wer CO_2 einsparen will, und das wollen wir, lässt sich deshalb, so oft es geht, vegane Aufstriche schmecken.

Denn es gibt sie, die Pürees aus Linsen, Tomaten und Co. – und es werden mehr. Ob mit Sonnenblumenkernen oder Kokosraspeln verfeinert, ob stückig oder

-54 KILOGRAMM CO_2

Schummel-Deal

Nicht nur aufgrund der 2022 drastisch gestiegenen Energiepreise ist Stromsparen eine gute Idee – es bringt auch eine Menge fürs Klima: Pro Kilowattstunde (kWh) Ersparnis landen beim derzeitigen deutschen Strommix (Stand: 2021) 0,54 Kilogramm CO_2 weniger in der Atmosphäre. Wer 100 kWh spart, kann in seiner Bilanz 54 Kilogramm CO_2 streichen – und sich ab und zu ein paar Scheiben Käse extra gönnen. Doch aufpassen: Nur 100 Gramm mehr pro Woche verursachen in einem Jahr 30 Kilogramm mehr CO_2.

passiert, ob mild oder scharf – viele fertige Aufstriche punkten mit erstaunlich herzhaftem Geschmack und überzeugender Klimabilanz. In unserem Test von 2020 fanden wir zudem keine zugesetzten Aromen und kaum Zusatzstoffe. Nicht ganz so prickelnd: Der Gemüseanteil schwankte von Produkt zu Produkt zum Teil erheblich.

Zum Teil mehr Kalorien als Wurst

Ein Blick auf die Zutatenliste zeigt: In manchen Aufstrichen stecken mehr Wasser, Palmöl oder Tofu als namensgebende Zutaten wie Tomate oder Paprika. Auch sind Fertigaufstriche nicht zwingend fettarm – sie enthalten oft sogar ungünstige gesättigte Fettsäuren. Unterm Strich bringen einige mehr Kalorien mit als Streichwurst.

Wem fertige Zubereitungen zu gehaltvoll sind oder nicht schmecken, der bereitet Aufstriche selbst zu. Ob Linsen mit Curry, klassischer Kräuterquark, orientalisch oder mediterran wie in unseren Rezepten (Seiten 62 und 65) – der Fantasie sind so gut wie keine Grenzen gesetzt.

Viele Aufstriche sind prima Dips

Als Basis für Eigenkreationen eignen sich Hülsenfrüchte und Gemüse ebenso wie Milchprodukte, zum Beispiel Frischkäse, Quark und Joghurt – sowie natürlich deren vegane Entsprechungen. Diese lassen sich ergänzen, zum Beispiel mit Zwiebel- und Knoblauchwürfeln, Zitronenabrieb oder Chiliflocken, Kräutern und Gewürzen.

Übrigens: Aufstriche sind auch top als Dips für Kartoffeln oder Tortillas oder als Basis für Pastasaucen und Risottogerichte. Außerdem können Sie damit Dressings und Pürees super aufpeppen.

Fruchtiger Curry-Linsen-Aufstrich

0,02 KG CO_2 PRO PORTION

Für ca. 300 g (8 Portionen)

1 Zwiebel
½ Birne
50 g gelbe Linsen
1 TL Currypulver (nach Geschmack mild oder scharf)
1 TL gemahlene Kurkuma
1 EL Mandelmus
2 EL Öl
Salz

Pro Portion

74 kcal, 4 g F, 6 g KH, 1 g Bst, 2 g E

Zubereitung

Zwiebel schälen und würfeln. Birne schälen, entkernen und in Würfel schneiden. Linsen mit Zwiebel und Birne in 125 ml Wasser aufkochen und ca. 15 Minuten köcheln lassen, bis die Linsen ganz weich sind.

Currypulver, Kurkuma, Mandelmus und Öl zugeben und fein pürieren. Mit Salz und eventuell noch etwas Curry und Kurkuma abschmecken.

Heiß in ein Schraubglas abfüllen oder abgekühlt in eine Plastikdose geben. Im Kühlschrank hält sich der Aufstrich ca. 1 Woche.

Eventuell die bestrichenen Brote mit Kresse oder Sprossen, Schwarzkümmel, Sesamsamen oder Sumach bestreuen.

Saison:

Für eine fruchtige Note im Winter Trockenfrüchte, z. B. Aprikosen oder Feigen, verwenden.

Resteverwertung:

Die Creme schmeckt auch köstlich als Dip zu frischen Gemüsesticks.

Wichtig für Feinschmecker: Nicht jeder Aufstrich passt zu jeder Brotsorte. Für herzhafte Aufstriche eignen sich vor allem traditionell verarbeitete Brote wie Roggen-Sauerteigbrot oder Knäckebrot.

Die gesündeste Alternative zum Dippen sind Gemüsesticks, zum Beispiel Gurken, Möhren, Paprika oder Kohlrabi. Zu ihnen passen auch Aufstriche auf Basis von Linsen, da diese hervorragend sättigen. Tipp für geplagte Eltern: Steht neben den Gemüsesticks ein leckerer Dip, greifen auch Kinder eher mal zu.

Zweites Leben für Schraubgläser

Als Gefäße für selbst gemachte Aufstriche eignen sich Schraubdeckelgläser am besten. Diese müssen Sie nicht extra kaufen – je öfter Sie ein Glas nutzen, desto besser für die CO_2-Bilanz. In vielen Haushalten fallen solche Gläser regelmäßig an – zum Beispiel durch aufgebrauchte Marmeladen- oder Gemüsekonserven – und landen nach einmaligem Gebrauch im Müll. Wer gerade keine findet: Zum Aufbewahren von Aufstrichen und Dips lassen sich auch kleinere Plastikboxen verwenden.

Kleiner Wermutstropfen: Selbst hergestellte Aufstriche sowie geöffnete Fertigaufstriche halten sich im Kühlschrank nicht länger als ein paar Tage – gekochte und heiß abgefüllte Aufstriche immerhin bis zu einer Woche. Damit sie nicht vorzeitig schimmeln, entnehmen Sie sie stets mit einem sauberen Löffel und stellen den Rest gut verschlossen wieder kühl.

BOOSTER FÜR DIE CO_2-BILANZ

-1,8

KILOGRAMM CO_2

Genau wie Weißblechdosen sind Schraubdeckelgläser keine klimaschonenden Verpackungen. Insbesondere ihr Gewicht sorgt bei Herstellung und Transport für hohe Emissionen. Glas und Blech sind zwar recycelbar, aber nur unter hohem Energieaufwand. Wer gekaufte Schraubgläser, etwa von Senf und Oliven, aber auch von Rotkohl und sauren Gurken, wiederverwendet, zum Beispiel zum Aufbewahren selbst gemachter Aufstriche, spart für jedes nicht gekaufte Aufbewahrungsglas je nach Größe und Transportweg zwischen 70 und 180 Gramm CO_2. Macht bei zehn Gläsern immerhin fast zwei Kilogramm!

Mediterraner Tomaten-Möhren-Aufstrich

0,1 KG CO_2 PRO PORTION

Zubereitung

Die Möhren putzen und in Stücke schneiden. Zwiebel und Knoblauch schälen und grob würfeln. Die Tomaten in Streifen schneiden. 250 ml Wasser im Wasserkocher aufkochen und mit der Gemüsebrühpaste in einem Topf verrühren. Die vorbereiteten Zutaten zugeben und zugedeckt bei geringer Hitze 20 Minuten dünsten.

Die Brühe abgießen und aufbewahren. Harissa, Kreuzkümmel, Thymian, Zitronensaft, Honig und Öl zufügen und nach Wunsch grob oder fein pürieren. Ist die Masse zu fest, nach und nach etwas von der Brühe unterrühren. Abschmecken. Die Nüsse hacken und unterrühren und den Aufstrich in ein Schraubglas füllen. Nach dem Abkühlen im Kühlschrank lagern. Der Aufstrich hält sich ca. 1 Woche.

Für 400 g (ca. 10 Portionen)

200 g Möhren
1 Zwiebel
2 Knoblauchzehen
6 getrocknete Tomaten
1 TL Gemüsebrühpaste
½ TL Harissa
½ TL Kreuzkümmel
½ TL getrockneter Thymian
1 EL Zitronensaft
2 TL Honig
2 EL Olivenöl
2 EL Haselnüsse

Pro Portion

55 kcal, 4 g F, 3 g KH, 1 g Bst, 1 g E

Saison:

Die Zutaten sind das ganze Jahr über erhältlich.

Resteverwertung:

Mit Brühe und/oder Hafer-/Sojacreme verdünnen und als schnelle Nudelsauce servieren.

BOOSTER FÜR DIE CO_2-BILANZ

-36

KILOGRAMM CO_2

Im Schnitt rund sechs Kilogramm Butter – also 24 handelsübliche Päckchen – verbraucht jeder von uns pro Jahr. Das ergibt eine CO_2-Emission von 54 Kilogramm. Wer beim Backen und Braten konsequent auf pflanzliche Alternativen wie Margarine, Raps- und Olivenöl setzt, landet unterm Strich bei rund einem Drittel der Emissionen. Für die kalte Küche eignen sich aus Klimasicht Margarine sowie sogenannte Mischstreichfette aus Rapsöl und Butter, wobei die Einsparung bei letzteren aufgrund des Butteranteils erheblich geringer ausfällt.

Öle und Fette: Ein Hoch auf heimische Produkte!

Ein handelsübliches Stück Butter ist schädlicher fürs Klima als ein Steak. An dieser Wahrheit kommt niemand vorbei – erst recht nicht jene, die das gelbe Gold täglich aufs Brot schmieren und für die es auch beim Braten und Backen erste Wahl ist.

Noch schlechter schneidet Butter klimatechnisch gegenüber Pflanzenfetten ab. Laut Institut für Energie- und Umweltforschung Heidelberg (ifeu) belasten Herstellung und Transport eines Kilogramms das Klima mit 9,0 Kilogramm CO_2. Zum Vergleich: Ein Kilogramm Vollfett-Margarine begnügt sich mit 2,8 Kilogramm.

Dass Butter aufgrund des schlechteren Fettsäuremusters ungesund sei, ist dagegen inzwischen umstritten: Langzeitstudien und aktuelle Untersuchungen zeigen, dass viele der gesättigten Fettsäuren in der Butter weder das Verhältnis von „schlechtem" zu „gutem" Cholesterin im Blut negativ beeinflussen noch das Risiko für Diabetes und Herz-Kreislauf-Erkrankungen erhöhen. Die Entscheidung für pflanzliches Fett ist also eine für Tierwohl und Klimaschutz!

Raps- und Leinöl oft aus der Region

Ein Kompromiss sind Mischstreichfette. Sie sind auch gekühlt sofort streichfähig, enthalten sowohl tierische als auch pflanzliche Fettanteile – beworben werden sie als Kombinationen aus Butter und Rapsöl. Ihre CO_2-Bilanz liegt zwischen der von Butter und Margarine. In der Regel lassen sie sich auch zum Backen und Braten verwenden. Viele Margarinen und Streichfette enthalten jedoch Zusatzstoffe, die sich

Käufer, ohne es zu wissen, mit aufs Brot schmieren. Dazu zählt in erster Linie billiges Palmfett, dessen Menge und Herkunft obendrein oft nicht ersichtlich ist.

Apropos Öl: Die Ausgangsstoffe für Oliven- und Sonnenblumen-, Palm- und Kokosöl müssen zum großen Teil importiert werden – oft über große Entfernungen. Der Effekt ist zwar nicht riesig, doch je weiter der Transportweg und je schwerer die Verpackung im Einzelhandel, desto schlechter für die Klimabilanz.

So wird es wohl noch eine Weile dauern, bis sich Innovationen wie die Olivenölflasche aus Papier des griechischen Produzenten Aeons auf breiter Front durchsetzen. Ihr CO_2-Fußabdruck ist bis zu sechsmal geringer als der einer Glasflasche.

Native Öle mit weniger Emissionen

Auch das Produktionsverfahren von Ölen hat einen Einfluss auf die Emissionen. Besonders viele Klimagase entstehen bei der Warmpressung: Hier werden Früchte, Kerne oder Samen nach dem Zerkleinern mit hohem Energieeinsatz geröstet oder gedämpft und dann gepresst. Warmgepresste Öle, die meist als Speise-, Pflanzen- oder Salatöl im Regal stehen, werden am Ende raffiniert, um ungenießbare oder gesundheitsschädliche Stoffe herauszufiltern. Das macht sie haltbarer, optisch ansprechender – und geschmacksneutraler.

Deutlich weniger Emissionen verursachen kaltgepresste Öle. Bei diesem Verfahren werden die Rohstoffe nur wenig erhitzt, was eine Menge Energie spart. Zudem bleiben beim Pressvorgang die Inhaltsstoffe erhalten – und der Geschmack leidet kaum. So schmecken kaltgepresstes Walnuss-, Kürbiskern- und Rapsöl genau wie Olivenöl typisch nach ihren Ausgangsstoffen.

Kaltgepresste Öle – auch als native Öle bezeichnet – sind dunkler, trüber, allerdings weniger lange haltbar. Außerdem vertragen sie keine hohen Temperaturen und eignen sich daher größtenteils nicht zum Braten und Frittieren. Ihr intensiver Geschmack kommt am besten in kalten Gerichten wie Salatsaucen, Vorspeisen und Desserts zur Geltung.

FETTE SPARSAM VERWENDEN

Ob warme oder kalte Gerichte – gehen Sie prinzipiell sparsam mit Ölen und Fetten um. Beim Braten reichen bereits kleine Mengen. In antihaftbeschichteten Pfannen können Sie mit ein wenig Übung sogar ohne zusätzliches Fett braten. Wer zu Hause eine Fritteuse betreibt, sollte diese aus Klimasicht schnellstens ausmustern. Soll doch einmal frittiert werden, eignen sich auch die Bratpfanne oder eine Heißluftfritteuse. Nutzen Sie wenn möglich Öle aus heimischer Produktion, etwa Sonnenblumen-, Raps- und Leinöl. Letzteres lässt sich allerdings nicht erhitzen. Meiden Sie nach Möglichkeit Fertiggerichte – viele von ihnen enthalten einen hohen Anteil an Palmöl mit unklarer Herkunft.

Schoko-Maronen-Creme

0,03 KG CO_2 PRO PORTION

Zubereitung

Margarine schmelzen und in ein hohes Gefäß geben. Vanilleschote längs halbieren und das Mark mit einem Messer herauskratzen. Vanillemark, Haferdrink, Maronen, Kakao, Zucker und Salz zur Margarine geben und die Creme mit einem Schneidstab glatt pürieren.

Die Creme in ein Schraubglas oder eine Plastikdose füllen und im Kühlschrank aufbewahren. Die zunächst flüssige Masse wird im Kühlschrank streichfähig. Am besten portionsweise mit einem sauberen Löffel oder Messer entnehmen. So bleibt die Creme im Kühlschrank ca. 1 Woche frisch.

Für ca. 300 g (12 Portionen)

50 g Margarine
½ Vanilleschote
100 ml Haferdrink ohne Zucker
100 g vorgegarte Maronen
2 ½ EL Kakaopulver
1 EL Zucker
1 Prise Salz

Pro Portion

65 kcal, 4 g F, 6 g KH, 1 g Bst, 1 g E

Tipp:

Kakaopulver ist nicht das Gleiche wie Trinkschokolade oder sogenanntes kakaohaltiges Getränkepulver. Während Kakaopulver keinen Zucker enthält, ist er bei den Letztgenannten die Hauptzutat.

Resteverwertung:

Als kleine Küchlein auf Butterkekse oder Zwieback streichen und mit frischen Beeren belegen.

LEVEL 2

Lebensmittel aus der Region und nach Saison kaufen

Tomaten im Winter, frischer Hummer aus Kanada? Kein Problem, alles machbar. Dafür beheizen wir riesige Gewächshäuser und lassen Flugzeuge fliegen – doch der Schaden fürs Klima ist gewaltig. Wer bei unserer Challenge glänzen will, kauft Lebensmittel mit vertretbarer Bilanz. Hier erfahren Sie, wie Sie diese erkennen.

Kurze Transportwege, wenig Energieaufwand

Milch aus den Alpen, Apfelsaft aus heimischem Streuobst, Eier vom Bauernhof nebenan – suchen Sie im Supermarkt auch gezielt nach regionalen Produkten? Klar – wer würde nicht die heimische Wirtschaft stärken und das Klima schützen wollen?

Die Hersteller haben das längst erkannt und drucken auf ihre Verpackungen blauen Himmel, grüne Wiesen und Slogans wie „Von hier" und „Aus der Region". Klingt alles prima, führt aber nicht selten in die Irre.

Im Dschungel der Regional-Siegel

Bereits an der Frage, was eine Region ist, scheiden sich die Geister. Während die einen darunter ihr Wohnumfeld oder den Landkreis verstehen, lassen die anderen eine Naturregion wie den Schwarz- oder Spreewald gelten – oder gleich das ganze Bundesland. Viele Händler und Hersteller machen das genauso, weil sie es dürfen.

Über die Klimabilanz entscheidet, welche Emissionen Lebensmittel bei Herstellung und Transport verursachen. Faustregel: Hoher Energieaufwand und lange Wege drücken die Bilanz. Auch das Verkehrsmittel spielt eine Rolle: Schiff ist besser als Bahn, Bahn besser als Lkw, Lkw besser als Flugzeug. Pro Tonne und Kilometer emittiert ein Flugzeug 83-mal mehr Treibhausgase als ein Übersee-Containerschiff.

Käufer können meist nicht erkennen, wie die Ware zu ihnen gelangt – und wie viele Kilometer sie im Gepäck hat.

Bei Obst, Gemüse und Eiern, verpacktem Fleisch und Rindfleisch in Bedientheken ist als Herkunftsangabe das Land verpflichtend – bei Fisch das Fanggebiet. Doch schon bei Hackfleisch mit weniger als der Hälfte Rindanteil genügt die Angabe, ob es aus der EU kommt oder nicht.

Für unsere CO_2-Challenge brauchen wir jedoch möglichst genaue Herkunftsangaben. Liefert die Verpackung keinen Aufschluss, fragen Sie nach oder suchen Sie gezielt nach regionalem Ersatz.

Immerhin: Seit zehn Jahren beglückt uns der Handel mit dem „Regionalfenster". Das freiwillige Logo gibt es für Obst, Gemüse, Milchprodukte und Eier, aber auch für verarbeitete Produkte wie Apfelmus, Gewürzgurken und Mehl. Bei letzteren gibt das Fenster an, woher die Hauptzutaten stammen und wo sie verarbeitet wurden. Allerdings dürfen Händler auch hier selbst entscheiden, welchen Radius sie als Region zugrunde legen. Ist es das ganze Bundesland, kommen schon mal ein paar Hundert Kilometer Transportweg zusammen.

Daneben konkurrieren unzählige weitere Siegel um die Gunst der Käufer – von EU und Bundesländern, Handelsketten und Direktvermarktern. Kaum möglich, da den Durchblick zu behalten.

Dann wären da noch die Emissionen, die beim und nach dem Kauf entstehen – und die können wir aktiv beeinflussen. Deshalb: Fahren Sie nicht mit dem Auto zum Einkaufen. Kaufen Sie Bio-Obst und -Gemüse, das bei uns Saison hat – ansonsten Freilandware aus EU-Ländern. Die hat meist eine bessere Bilanz als heimische Ware aus dem beheizten Gewächshaus.

Dagegen sind ägyptische Erdbeeren im Winter und frischer Viktoriabarsch aus Kenia, jeweils mit Tausenden Flugmeilen im Gepäck, ökologisch blanker Unsinn.

GEMÜSE IM FOKUS

Herkunft erfragen. Fragen Sie beim Einkauf auf dem Wochenmarkt nach, ob die Ware aus der Region stammt, zum Beispiel von einem Bauernhof. Auch beim Einkauf in Dorf-, Hof- und Bauernläden bekommen Sie Obst und Gemüse vom Erzeuger.

Abo-Kiste bestellen. Sich eine Regional-Kiste mit Bio-Produkten im Abo liefern zu lassen, ist besser fürs Klima als jede Woche selbst loszufahren. Die Bilanz ist umso besser, je weniger Produkte der Anbieter von außen zukauft. Viele beteiligen sich auch an Klimaschutzprojekten vor Ort, vermeiden aktiv Emissionen oder kompensieren diese durch Zahlungen an zertifizierte Anbieter.

Mit Gleichgesinnten vernetzen. Fast überall in Deutschland existieren Gemeinschaften aus Erzeugern und Verbraucherinnen. Diese bringen Menschen zusammen, die sich für regional und ökologisch erzeugte Lebensmittel interessieren. Die Initiativen sind genossenschaftlich organisiert – ihre Mitglieder sind Mitbesitzer der Läden und kaufen zu günstigeren Preisen ein.

Erzeuger unterstützen. Auch das Prinzip der Solidarischen Landwirtschaft (Solawi) setzt auf das Miteinander von Erzeugerinnen und Verbrauchern. Bei diesem Modell gehen beide Seiten eine Wirtschaftsgemeinschaft ein, innerhalb derer jedes Mitglied einen festen Beitrag zahlt. Das Geld ermöglicht es den Erzeugern, unabhängig zu wirtschaften. Im Gegenzug garantiert die Verbraucherseite die Abnahme der Ernte – meist auch Produkte, die sonst aufgrund von Marktvorgaben im Müll landen würden.

Obst und Gemüse am besten bio kaufen

Könnten Sie anhand des Obst- und Gemüseangebotes in Ihrem Supermarkt sofort sagen, welche Jahreszeit gerade ist? Eher nicht, oder? Nicht nur, dass es Kartoffeln, Möhren, Äpfel und Orangen das ganze Jahr über gibt – auch Gurken und Tomaten, sogar Melonen und Avocados sind fast immer zu finden. Nur bei typischer Saisonware wie Spargel oder Stachelbeeren ist die Sache einigermaßen klar.

Dieser Luxus bedarf neben enormer Logistik auch eines immensen Energieaufwandes: Da die meisten Sorten im Freiland nur kurze Zeit Saison haben, werden etwa Gurken, Tomaten und Paprika von Februar bis November in Gewächshäusern angebaut. Sind die Außentemperaturen niedrig, werden diese Gewächshäuser beheizt. Um nur 16 Grad zu erreichen, sind pro Quadratmeter und Jahr rund 350 Kilowattstunden erforderlich. Im Winter müssen die Pflanzen zusätzlich beleuchtet werden.

Dagegen kommen lagerfähige Sorten wie Kartoffeln, Möhren und Sellerie in riesige Kühllager, wo sie bei nahe 0 Grad und unter Sauerstoffentzug über Monate frisch bleiben. Das Angebot komplett macht Importware, die aus dem jeweiligen Herkunftsland zu uns transportiert wird.

Heizung schlimmer als Transport

Entscheidend für uns „CO_2-Sparer": Jede Birne, Tomate oder Avocado, die wir im Bio- oder Hofladen, im Super- oder auf dem Wochenmarkt kaufen, bringt Emissionen mit, die bei Anbau und Transport entstanden sind und jetzt in unserer Bilanz landen. Stellen Sie sich eine Art Luftballon vor, der bei jedem Einkauf größer wird – das ist Ihre Bilanz.

Das führt zur Frage, wie wir CO_2-arme Produkte finden – und was klimaschädlicher ist: energieintensive Produktion oder weiter Transportweg? Antwort: Je stärker und je länger ein Gewächshaus beheizt (oder ein Kühllager gekühlt) wird, desto weniger fällt der Transport ins Gewicht. Mit einer Ausnahme, doch dazu gleich mehr.

Warum Apfel nicht gleich Apfel ist

Das Heidelberger ifeu-Institut fand bereits vor Jahren heraus, dass heimischer Kopfsalat und heimische Tomaten nur in der Freiland-Saison die beste Wahl fürs Klima sind. Werden beide im beheizten Treibhaus gezogen, ist ihre Bilanz schlechter als die von ausländischer Importware.

Ein heimischer Apfel im Kühllager hat zwar selbst Monate nach der Ernte eine bessere Bilanz als ein Apfel aus Neuseeland nach 28 Tagen Schiffstransport (siehe Grafik Seite 76/77). Je länger er jedoch lagert, desto geringer der Unterschied. Umgekehrt können sich neuseeländische Äpfel einen Teil der Emissionen auf ihrer 22 000 Kilometer langen Reise „leisten", weil die Bäume dort mehr Ertrag bringen und der Anbau weniger Energie erfordert.

Fliegen ruiniert die Bilanz

Viele Waren kommen jedoch nicht mit dem Laster aus Spanien oder den Niederlanden, sondern mit Schiff oder Flugzeug aus Peru, Ägypten oder Neuseeland. Und auch wenn Containerschiffe weltweit Millionen Tonnen Abgase in die Luft blasen, sind Flugzeuge die weitaus größeren Dreckschleudern.

BOOSTER FÜR DIE CO_2-BILANZ

-100

KILOGRAMM CO_2

Ohne Südfrüchte leben – das schaffen vor allem im Winter nur die Wenigsten. Und es ist auch gar nicht nötig. Viel wichtiger, als rigoros auf Bananen, Kiwis & Co. zu verzichten, ist es, nur solche Früchte zu kaufen, die mit dem Lkw oder per Schiff zu uns kommen. Im Gegensatz zum Schiff hat Flugware bis zu 220-mal mehr Emissionen im Gepäck. Beispiel frische Ananas: Eine durchschnittliche Frucht (1,4 Kilogramm) bringt aufgrund des Fluges nicht nur 0,8 Kilogramm wie beim Schiffstransport, sondern satte 21 Kilogramm CO_2 mit. Macht bei fünf Ananas eine Differenz von rund 100 Kilogramm! Leider muss Flugware nicht gekennzeichnet werden. Doch laut einer Studie der Verbraucherzentralen ist bei Ananas, die aus Afrika stammt, davon auszugehen, dass sie eingeflogen wurde – genauso wie zum Beispiel bei Bohnen aus Ägypten und Kenia, Spargel aus Peru sowie Erdbeeren aus Ägypten und Israel.

Übrigens: Dass 85 Prozent der täglich rund 140 Tonnen Flugware mit Passagiermaschinen zu uns gelangen, die „ohnehin geflogen" wären, ist als Gegenargument nicht stichhaltig. Denn: Jedes Kilogramm Zuladung erhöht den Kerosinverbrauch.

Spargel, Mangos und Erdbeeren mit massig Flugmeilen im Gepäck sollten Sie deshalb meiden, auch wenn sie angeblich besser schmecken, weil reif geerntet. Kennzeichnungspflicht? Leider Fehlanzeige. Oft geben jedoch Sorte und Herkunftsland Hinweise. Je empfindlicher das Obst oder Gemüse und je länger der Transportweg, desto wahrscheinlicher ist es Flugware (siehe auch Spalte Seite 73).

Am besten Bio-Ware kaufen

Nichts falsch machen Sie in jedem Fall, wenn Sie Produkte aus der Region dann kaufen, wenn sie Saison haben. Greifen Sie am besten zu Bio-Ware. Die hat wegen der deutlich geringeren Hektarerträge im Öko-Landbau zwar nicht zwingend eine bessere Klimabilanz. Zum einen müssen Zwischenfrüchte angebaut werden, um Böden mit Stickstoff zu versorgen – zum anderen sind Pestizide verboten. Folge: Für dieselbe Erntemenge – ob bei uns oder im Ausland – ist mehr Fläche nötig, was zu Lasten von Wäldern und Mooren gehen kann, die als Kohlenstoffspeicher ausfallen.

Dennoch sind die Unterschiede in der CO_2-Bilanz relativ gering und die Vorteile der ökologischen Bewirtschaftung für Böden, Gewässer und Artenvielfalt überragend, sodass ganz klar gilt: „Bio is best!"

Auto möglichst stehen lassen

Wer zum Einkaufen ins Auto steigt – vor allem wenn es nur um ein paar Brötchen vom Bäcker geht –, hat eigentlich schon verloren. Zwar schadet es auch Autofahrern nicht, auf klimafreundliche Lebensmittel zu setzen, doch die Emissionen von Kraftstoffen machen deren Vorteile zunichte. Deshalb: Nehmen Sie das Auto nur für Großeinkäufe und verbinden Sie diese mit anderen Erledigungen. Noch besser: Schwingen Sie sich aufs Pedelec, aufs (Lasten-)Rad – oder gehen Sie, mit Rucksack oder Korb ausgerüstet, zu Fuß.

GEMÜSE EINFRIEREN

Ist Spargel gerade günstig oder setzt die Tomatenschwemme aus dem Garten ein, ist ein Plan gefragt. Was sich nicht verarbeiten oder verschenken lässt, wird konserviert. Eine Möglichkeit: Gemüse portionsweise in Tüten oder Dosen abpacken und einfrieren – vorher putzen, eventuell zerkleinern und blanchieren. Pilze, Zucchini und Kräuter bleiben dagegen roh. Weitere Konservierungsmöglichkeiten sind Aufkochen und heiß in Gläser abfüllen (z. B. Tomatensauce), sauer Einlegen (z. B. Gurkenscheiben, Blumenkohlröschen), Trocknen (z. B. dünne Scheiben von Roter Bete und Möhre) sowie Fermentieren per Milchsäuregärung (z. B. Weißkohlstreifen, Kohlrabiwürfel; siehe Seite 153).

Pikante Brokkoli-Fenchel-Pasta

0,3 KG CO_2 PRO PORTION

Zubereitung

Brokkoli putzen, in Röschen teilen, den Stiel schälen und würfeln. Fenchel putzen, halbieren, vom Strunk befreien und in kleine Würfel schneiden. Fenchelgrün hacken und beiseitestellen. Knoblauch schälen und in Scheiben schneiden. Chilischote putzen und fein würfeln.

1,5 l Wasser im Wasserkocher aufkochen, in einen Topf geben und salzen. Nudeln nach Packungsanweisung garen. 5 Minuten vor Ende der Kochzeit die Brokkoliröschen und -würfel zugeben.

Inzwischen das Öl in einer beschichteten Pfanne erhitzen und Fenchelwürfel, Knoblauch und Chili darin dünsten, mit wenig Salz würzen. Kapern hacken.

Die Nudeln abgießen und etwas Kochwasser auffangen. Nudeln, Brokkoli, Kapern und die Hälfte des Sesams zum Fenchel geben und in der Pfanne durchschwenken. Eventuell etwas Kochwasser zufügen und nach Wunsch nachsalzen.

Pasta auf zwei Teller geben und mit Fenchelgrün und restlichem Sesam bestreut servieren.

Für 2 Portionen

1 kleiner Brokkoli
1 kleine Fenchelknolle
3 Knoblauchzehen
½–1 Chilischote
Salz
150 g kurze (Vollkorn-)Nudeln (z. B. Fusilli oder Farfalle)
3 EL Olivenöl
1 EL Kapern
1 EL Sesamsamen

Pro Portion

506 kcal, 20 g F, 54 g KH, 15 g Bst, 17 g E

Saison:

Das Pastagericht schmeckt im Frühjahr mit Spargel und Lauch, im Winter mit Wirsing und Pastinaken.

Resteverwertung:

Die Brokkoli-Fenchel-Pasta lässt sich auch zimmerwarm als Nudelsalat servieren.

CO_2-EINSPARUNG PRO PORTION

–0,3 kg

im Vergleich zu Pasta mit Speck und Parmesan (→ S. 172)

Äpfel und Tomaten: Die unsichtbaren Emissionen

* pro kg Lebensmittel

Plantage, reg. (April)
0,4 kg CO_2

Plantage, Neuseeland
0,8 kg CO_2

Nicht nur beim Geschmack – auch für den Klimaschutz ist Apfel ist nicht gleich Apfel. Je nachdem, ob er von einer heimischen Streuobstwiese kommt, monatelang im Kühlhaus lag oder vom anderen Ende der Welt stammt, hat er eine andere CO_2-Bilanz. Dasselbe gilt für Tomaten: Saisonal und aus der Region bringen sie deutlich weniger CO_2 mit als „Wintertomaten" aus dem beheizten Treibhaus. Unsere Grafik zeigt, welche Teilbereiche für welchen Anteil der Bilanz verantwortlich sind, wobei zu „Landwirtschaft" auch die Energie fürs Heizen zählt.

Durchschnitt
0,8 kg CO_2

Südeuropa, Freiland
0,4 kg CO_2

Deutschland, saisonal
0,3 kg CO_2

Selleriepüree mit Pfifferlingen

0,4 KG CO_2 PRO PORTION

Zubereitung

Sellerie und Zwiebel schälen, würfeln und in einen Topf geben. 250 ml Wasser im Wasserkocher aufkochen und darübergießen. Salzen und Gemüse bei mittlerer Hitze 20 Minuten garen.

In der Zwischenzeit die Pilze mit einem Pinsel oder feuchten Tuch putzen und vom Stielende befreien. Große Pilze halbieren oder vierteln. Lauch längs halbieren, waschen und in Halbringe schneiden. Salbei abbrausen, trocken schütteln und in dünne Streifen schneiden. Petersilie abbrausen, trocken schütteln und hacken.

Wenn der Sellerie gar ist, abgießen und die Flüssigkeit auffangen. Haferdrink, Muskatnuss und 1 EL Margarine zugeben und mit einem Schneidstab fein pürieren. Mit Salz, Pfeffer und Muskatnuss abschmecken. Eventuell etwas Kochwasser zugeben, wenn das Püree zu fest ist. Zugedeckt auf der ausgeschalteten Platte warm halten.

Öl in einer großen Pfanne erhitzen und Pilze, Lauch und Salbei darin 3–5 Minuten bei hoher Temperatur scharf anbraten. Erst zum Schluss mit Salz und Pfeffer würzen, Wein und die restliche Margarine unterschwenken. Selleriepüree und Pilze anrichten und mit Petersilie bestreuen.

Für 2 Portionen

½ Knollensellerie
1 Zwiebel
Salz
400 g Pfifferlinge
1 kleine Lauchstange
1 Stiel Salbei
½ Bund Petersilie
100 ml Haferdrink ohne Zucker
frisch geriebene Muskatnuss
2 EL Margarine
Pfeffer
2 EL Rapsöl
5 EL Weißwein

Pro Portion

367 kcal, 24 g F, 13 g KH, 20 g Bst, 11 g E

Saison:

Pfifferlinge haben ca. von Juni bis Oktober Saison. Zuchtpilze sind das ganze Jahr erhältlich. Im Supermarkt bekommt man neben Champignons oft auch Austern- und Shiitake-Pilze sowie Kräuterseitlinge. Experimentierfreudige schauen auf dem Wochenmarkt, ob sie z. B. Buchenpilze, Samthauben, Enokipilze oder Limonenseitlinge finden.

Sellerie steht das ganze Jahr zur Verfügung. Köstlich sind auch Pürees aus Möhren, Petersilienwurzeln, Steckrüben oder Pastinaken.

Sommerrollen mit Erdnussdip

0,3 KG CO_2 PRO PORTION

Für 8 Rollen

Für die Rollen

200g fester Tofu (z.B. Nuss- oder Räuchertofu)
300–400g Gemüse (z.B. Möhren, Pastinaken, Sprossen, Fenchel, Gurke, Paprika, Spitzkohl)
½ Bund Koriander oder Basilikum, Minze, Petersilie
8 Reispapierblätter (Ø ca. 22cm)

Für den Dip

1 EL Erdnussmus
2 EL Teriyaki-Sauce
1 EL Zitronensaft, Reis- oder Apfelessig
1–2 Msp. Chilipulver
2 TL Sesamsamen

Pro Portion

367kcal, 24g F, 13g KH, 20g Bst, 11g E

Zubereitung

Für die Rollen den Tofu abtropfen lassen und in Streifen schneiden. Gemüse putzen, ggf. schälen und in dünne Streifen schneiden. Kräuter abbrausen, trocken schütteln und die Blättchen abzupfen.

Für den Dip Erdnussmus mit Teriyaki-Sauce, Zitronensaft, Chilipulver und 2 EL Wasser verrühren. Eventuell mit weiterem Wasser verdünnen, in zwei Schälchen füllen und mit Sesam bestreuen.

Für die Rollen einen großen Teller mit lauwarmem Wasser bereitstellen. Die Reispapierblätter nacheinander kurz ins Wasser legen. Dann auf einer Arbeitsplatte das Reispapier im unteren Drittel mit Tofu, Gemüsestreifen und Kräutern belegen. Die Seitenränder einklappen und das Reispapier von unten mit leichtem Druck aufrollen.

Sommerrollen und Dip anrichten und servieren. In einer Frischhaltebox im Kühlschrank aufbewahrt, sind die Rollen bis zum nächsten Tag haltbar.

Saison:

Alle Gemüsesorten, die man roh essen kann, sind in den frischen Röllchen willkommen, also quasi alles außer Auberginen, Kartoffeln und Bohnen. Auch abgetropftes fermentiertes Gemüse (Rezept auf S. 153) bereichert die Sommerrollen geschmacklich. Wer auf das stärkehaltige Reispapier verzichten möchte, kann die Röllchen statt in Reispapier auch in große Salatblätter wickeln. Salatröllchen sind allerdings nicht so haltbar.

BOOSTER FÜR DIE CO_2-BILANZ

-1000 KILOGRAMM CO_2

Jetzt zu einem der allergrößten CO_2-Spareffekte: dem konsequenten Verzicht auf tierische Lebensmittel. Zwar muss man nicht zwingend Veganer werden, um sich halbwegs klimafreundlich zu ernähren – kann das aber tun. Natürlich ist der Schritt zu einer konsequent veganen Ernährung insbesondere für viele mit Fleisch, Wurst und Milchprodukten sozialisierte Menschen gefühlt riesig – er lohnt sich jedoch in mehrfacher Hinsicht: Auf tierische Produkte zu verzichten heißt, das eigene Risiko für Herz-Kreislauf-Krankheiten, Diabetes und Darmkrebs zu senken und obendrein bis zu eine Tonne CO_2 im Jahr einzusparen (Quelle: co2online.de). Wer einen etwas kleineren Schritt machen und ab sofort auf vegetarische Ernährung umstellen will, spart immer noch 300 bis 400 Kilogramm CO_2 im Jahr ein.

Bei Fleisch geht's immer auch ums Tierwohl

Ab und zu ein Steak, ein Hähnchenbrustfilet oder ein Burger gehören für Sie einfach dazu – trotz CO_2-Challenge? Schließlich kaufen Sie Fleisch ja „bio". Klingt nachvollziehbar. Doch klimatechnisch stecken Sie – zumindest auf den ersten Blick – in einem Dilemma, denn das Treibhauspotenzial von Bio-Fleisch kann, ähnlich dem von Obst und Gemüse, höher sein als das von konventionell erzeugter Ware.

Bio: Mehr CO_2, trotzdem besser

Die Gründe sind relativ simpel: Artgerecht gehaltene Tiere leben länger, fressen mehr und erzeugen mehr Gülle beziehungsweise Verdauungsgase. Der Anbau von Futterpflanzen, der bis auf wenige Ausnahmen ebenfalls bio sein muss, braucht vergleichsweise größere Flächen.

Natürlich ist es keine Lösung, stattdessen Fleisch aus konventioneller Haltung zu essen. In riesigen Ställen werden dort Zehntausende Masthähnchen unter extremem Platzmangel gehalten, stehen Schweine in engen Buchten auf Spaltenböden und sind Rinder permanent angebunden. Die meisten Tiere können sich kaum bewegen, geschweige denn natürliche Verhaltensweisen ausleben, was zu Stress und Frustration und in der Folge oft zu Aggressivität und Krankheiten führt.

Premium-Bio als Goldstandard

Vor diesem Hintergrund ist bio immer die bessere Alternative – auch wenn das auf vielen Fleischverpackungen zu findende EU-Bio-Logo (siehe Seite 46) nicht mehr als Mindeststandards definiert. So haben Tiere mehr Platz, ein Recht auf Auslauf oder Weidegänge und bekommen keine vorbeugenden Antibiotika sowie Wachstums- und Leistungshormone. Schließlich dürfen Bio-Masttiere langsamer wachsen.

Aus noch stärker artgerechter Haltung stammt Fleisch, das das Siegel eines Ökoanbauverbands wie Naturland, Bioland oder Demeter oder das Neuland-Siegel trägt. Die Vorgaben der Verbände gehen zum Teil deutlich über die gesetzlichen Regelungen hinaus. Deshalb spricht man in diesen Fällen auch von „Premium-Bio".

Das ist zwar teurer, doch Untersuchungen zeigen, dass Menschen bereit sind, für Bio-Produkte mehr Geld auszugeben, und dafür eher geringere Mengen kaufen und in der Folge weniger wegwerfen.

„Weniger Fleisch" ist die Devise

Dennoch ist das Thema nicht erledigt. Angenommen, es gäbe nur noch Bio-Fleisch zu kaufen: Dann wäre dem Tierwohl geholfen, nicht aber dem Klima. Zum einen ließe sich die Nachfrage auf dem heutigen Niveau kaum befriedigen – zudem würden für den Futteranbau weitere Flächen benötigt und mindestens dieselbe Menge Methangasemissionen anfallen.

Ohne ein „Weniger" an Fleisch wird es nicht gehen: Wenn Sie nicht ganz darauf verzichten wollen, dann nehmen Sie Ihren Konsum unter die Lupe. Wann können Sie Fleisch weglassen, wann die Menge reduzieren? Reservieren Sie Fleisch für spezielle Gelegenheiten – und wenn Sie es essen, dann achten Sie darauf, wie das jeweilige Tier gehalten, transportiert und geschlachtet wurde. Kurzum: Kaufen Sie „bio".

WILD IM FOKUS

Aufpassen bei Wild. Als klimafreundliche Alternative zu Rind, Schwein und Geflügel gilt Wild. Doch wer sich öfter ein Stück Rehkeule gönnen oder ein Wildschweingulasch zubereiten möchte, sollte darauf achten, dass das Fleisch von frei lebenden Tieren aus der Region stammt. Dagegen werden Wildtiere in Farmen am anderen Ende der Welt, zum Beispiel in Neuseeland, oft nicht artgerecht gehalten. Da sie nicht aus dem Wald stammen, sondern zusätzlich produziert werden, hat ihr Fleisch aufgrund der Methanemissionen eine schlechtere CO_2-Bilanz.

Begrenztes Angebot. Die Lösung schlechthin ist Wildbret ohnehin nicht. Abgesehen vom Geschmack, den nicht jeder mag, würde das verfügbare Angebot nicht einmal ansatzweise reichen, um den Fleischhunger hierzulande zu stillen.

Herzhafte Meeres-Möhren

0,03 KG CO_2 PRO PORTION

Für 4 Portionen
250 g dicke Möhren
2 EL Sojasauce
2 TL Reis- oder Apfelessig
1 ½ EL Rapsöl
2 TL helle Misopaste
¼ TL Rauchsalz
½ TL Zucker
½ Blatt Nori-Alge

Pro Portion
70 kcal, 4 g F, 5 g KH, 2 g Bst, 1 g E

Zubereitung

Möhren putzen und mit einem Gemüsehobel oder Sparschäler in dünne Scheiben hobeln. Wer Sushi mit Möhrenfüllung zubereiten möchte, schneidet die Möhren in Stifte.

200 ml Wasser im Wasserkocher aufkochen. In einen Topf mit Dämpfeinsatz füllen und die Möhren im Einsatz zugedeckt 5 Minuten garen. Je nach Stärke brauchen Möhrenstifte einige Minuten länger. Den Dämpfeinsatz abnehmen und Möhren ohne Deckel 15 Minuten abkühlen lassen.

Sojasauce, Essig, Öl und Miso zu einer homogenen Sauce verquirlen. Mit Salz und Zucker würzen. Möhrenscheiben und das grob zerrissene Noriblatt unterheben und im Kühlschrank mindestens über Nacht durchziehen lassen. Vor dem Servieren noch einmal gut durchmischen.

Tipp:

Die Meeres-Möhren schmecken auf Sandwiches, z. B. mit Frischkäse oder einer veganen Alternative und Dill. Auch als Beilagensalat zum Abendessen und als Füllung für veganes Sushi machen die Möhren eine gute Figur. Nori-Alge und Rauchsalz vermitteln einen Hauch Räucherlachs-Aroma.

Saison:

Möhren sind nahezu das ganze Jahr über aus regionalem Anbau erhältlich.

Resteverwertung:

Die Meeres-Möhren sind ca. 1 Woche im Kühlschrank haltbar. Da sie mit der Zeit immer köstlicher werden, ist mit Resten nicht zu rechnen.

Fruchtiger Schweinenackenspieß

1,0 KG CO_2 PRO PORTION

Zubereitung

Schweinefleisch würfeln. Senf, Paprikapulver, Kreuzkümmel und etwas Pfeffer verrühren und mit den Fleischwürfeln vermengen. Mindestens 1 Stunde abgedeckt ziehen lassen.

Pfirsich waschen, trocken tupfen, entsteinen und in Spalten schneiden. Frühlingszwiebeln putzen und in ca. 4 cm lange Stücke schneiden. Salbei abbrausen, trocken schütteln und Blättchen abzupfen.

Fleischwürfel, Pfirsichspalten, Frühlingszwiebelstücke und Salbeiblätter abwechselnd auf Holzspieße stecken. Bei mittlerer Hitze ca. 10 Minuten rundherum grillen. Dazu passt z. B. Baba Ghanoush (S. 147) und ein bunter Salatteller.

Für 2 Portionen

- **200 g Bio-Schweinenacken**
- **2 TL mittelscharfer Senf**
- **1 TL Paprikapulver (nach Geschmack edelsüß oder rosenscharf)**
- **½ TL gemahlener Kreuzkümmel**
- **Pfeffer**
- **1 fester Pfirsich oder 2–3 feste Aprikosen**
- **4 Frühlingszwiebeln**
- **2 Stiele Salbei**

Außerdem:

Holz- oder Metallspieße

Pro Portion

257 kcal, 14 g F, 9 g KH, 3 g Bst, 20 g E

Tipp:

Holzspieße vor der Verwendung 10 Minuten in kaltem Wasser einweichen. So läuft man nicht Gefahr, dass sie über der Glut Feuer fangen. Die Spieße gelingen auch in der (Grill-)Pfanne.

Saison:

Für ein zünftiges Wintergrillen den Pfirsich durch einige getrocknete und halbierte Datteln und die Frühlingszwiebeln durch Lauch oder gelbe Zwiebeln ersetzen.

Resteverwertung:

Fleisch, Pfirsich und Frühlingszwiebeln vom Spieß streifen und in einer Currysauce zu Bulgur oder Couscous servieren.

Das ist etwa die CO_2-Bilanz von drei per Schiff transportierten Mangos oder Ananas.

CO_2-EINSPARUNG PRO PORTION

–1,8 kg

im Vergleich zu Schweinekotelett (→ S. 172)

Wildschweinnackensteak mit Pimientos de Padrón

1,1 KG CO_2 PRO PORTION

Zubereitung

Pfeffer, Wacholderbeeren, Piment und Koriander in einem Mörser oder Blitzhacker zerkleinern und den Zimt unterrühren. Nach Wunsch eine größere Menge zubereiten und am besten in einer Blechdose oder einem dunklen Glas aufbewahren, dann übersteht der Rub eine ganze Sommer-Grillsaison. Auch für Rind- und Schweinefleisch verwendbar. Das Fleisch damit einreiben und 1–2 Stunden zugedeckt, z. B. zwischen zwei flachen Tellern, bei Zimmertemperatur beiseitestellen.

Die Pimientos waschen und sorgfältig trocken tupfen. Ist noch Wasser daran, spritzt es beim Braten. Die milden Schoten werden bis auf den Stielansatz ganz gegessen und müssen nicht geputzt werden.

Das Öl in einer Grillpfanne oder einer anderen nicht beschichteten Bratpfanne erhitzen und die Steaks von jeder Seite 1 Minute anbraten. Dann von jeder Seite bei mittlerer Hitze 3–4 Minuten braten. Fleisch abgedeckt, z. B. zwischen zwei flachen Tellern, zum Ruhen beiseitestellen.

Im Bratfett die Pimientos 3–5 Minuten rundherum braten und mit den Steaks servieren. Die Pimientos mit Zitronensaft beträufeln und Gemüse und Fleisch salzen.

Für 2 Portionen

je ½ TL Pfeffer, Wacholderbeeren, Piment und Koriander
1 Msp. Zimt
2 Wildschweinnackensteaks à ca. 125 g
300 g Pimientos de Padrón (kleine grüne Bratpaprika)
2 EL Rapsöl
1–2 EL Zitronensaft
Meersalzflocken (ersatzweise Salz)

Pro Portion

330 kcal, 21 g F, 5 g KH, 3 g Bst, 26 g E

Saison:

Zum zünftigen Steak schmecken alle deftigen Gemüsebeilagen wie z. B. geschmorter Kohl. Genauso lecker sind aber auch ein sommerliches Ratatouille oder Champignon-Zwiebel-Gemüse.

Resteverwertung:

Das Fleisch und die Pimientos würfeln und unter einen Kräutercouscous mischen. Mit Tomatensauce wird eine würzige Nudelsauce daraus.

CO_2-SPEICHER IM FOKUS

Grundlage des Lebens. Das chemische Element Kohlenstoff ist die Grundlage allen Lebens auf der Erde. Er ist Grundbaustein für Zucker, Fette, Proteine und vieles mehr. In Form von Kohlendioxid wird Kohlenstoff permanent durch natürliche Prozesse freigesetzt. Dazu gehören das Verrotten organischen Materials, Brände und auch unsere eigene Atmung. Demgegenüber existieren auf unserem Planeten gigantische Mengen an Kohlenstoff, die über sehr lange Zeiträume gespeichert werden.

Beispiel Ozeane. Neben Böden und Wäldern binden die Weltmeere riesige Mengen an CO_2. Sie nahmen allein zwischen 1994 und 2007 etwa 34 Gigatonnen Kohlenstoff aus der Atmosphäre auf. Das entspricht rund 124 Gigatonnen Kohlendioxid – fast einem Drittel (31 Prozent) der menschgemachten CO_2-Emissionen in diesem Zeitraum. Das berichteten Forscher der Eidgenössischen Technischen Hochschule (ETH) Zürich 2019 im Fachblatt „Science".

Speichervermögen nimmt ab. Die CO_2-Speicherung geschieht auf zwei Wegen: Neben der Aufnahme aus der Atmosphäre („physikalische Kohlenstoffpumpe") sinkt Kohlenstoff mit den Ausscheidungen von Fischen in große Wassertiefen ab, wo er für lange Zeit bleibt. Verringern sich die Fischbestände, funktioniert diese „biologische Kohlenstoffpumpe" nur noch eingeschränkt – und die Fähigkeit der Meere, Kohlenstoff zu binden, sinkt. Das berichteten Forscher der University of California 2021. Die Folgen könnten ähnlich dramatisch sein wie das Auftauen von Permafrostböden, das Austrocknen von Mooren und das Brandroden von Wäldern.

Fisch und Meeresfrüchte: Nichts für jeden Tag

Die kommerzielle Fischerei lässt Bestände kollabieren, gefährdet Seevögel und Meeressäuger und zerstört mit Grundschleppnetzen wichtige Lebensräume. Der Konsum von Fisch und Meeresfrüchten sorgt auch für CO_2-Emissionen – unter anderem durch den immensen Dieselverbrauch der Fangflotten. Zudem spricht einiges dafür, dass auch die geringer werdenden Fischbestände den Klimawandel verstärken (siehe „CO_2-Speicher im Fokus" links).

Fischfarmen gefährden Umwelt

Andererseits wird Fisch immer beliebter, liefert er doch hochwertiges und leicht verdauliches Eiweiß. Seefisch enthält zudem gesundheitsfördernde Omega-3-Fettsäuren, außerdem Vitamine und Mineralstoffe und trägt wesentlich zur Jodversorgung bei. Kein Wunder, dass Fisch immer beliebter wird. So lag der Pro-Kopf-Verbrauch an Fisch und Meeresfrüchten in Deutschland im Jahr 2020 bei 14,1 Kilogramm. Weltweit wird er auf rund 20 Kilogramm geschätzt.

Diese Nachfrage ist ohne Aquakulturen längst nicht mehr zu decken. Auch das bringt Probleme: Fische wie Lachs und Wolfsbarsch benötigen tierisches Futter. Doch Reste von Fischmehl können das Meer verdrecken, Chemikalien oder Antibiotika umliegende Gewässer belasten. Der Bau der Farmen zerstört vielerorts Lebensräume – in tropischen Gebieten etwa Mangrovenwälder für die Shrimps-Zucht.

Wer trotzdem von Zeit zu Zeit Fisch genießen will, sollte sich vor dem Kauf informieren. Orientierungshilfe bietet der Einkaufsratgeber des WWF (fischratgeber.wwf.de) – spezifiziert nach Beständen und Fanggebieten. Auf der Verpackung stehen müssen Hauptfanggebiet (zum Beispiel Nordostatlantik) und Teilfanggebiet (zum Beispiel 27.4 für die Nordsee als Teil des Nordostatlantiks).

Weitgehend unbedenklich ist der Kauf von zertifiziertem Zander und Alaska-Seelachs aus Wildfang. Laut WWF kann auch Wildlachs auf den Teller, wenn er aus dem Nordostpazifik kommt – Thunfisch (echter Bonito), wenn er im westlichen oder mittleren Pazifik mit Hand- oder Angelleinen gefangen wurde. Für Fisch und Garnelen aus Aquakultur sollte dagegen gelten: Wenn überhaupt, dann am besten bio!

Siegel für nachhaltige Fischerei

Weitere Aufschlüsse geben Label und Gütesiegel wie das des Marine Stewardship Council (MSC) für Fisch aus Wildfang. Dem gegenüber zertifiziert das ASC-Siegel (Aquaculture Stewardship Council) nur nachhaltig arbeitende Fisch- und Meeresfruchtezuchten.

Auch zwei Öko-Anbauverbände zertifizieren Fisch und Meeresfrüchte. Während das Bioland-Siegel jedoch nur für Fisch aus Aquakultur vergeben wird, prangt das Siegel des Verbandes Naturland auch auf Fisch aus Wildfang. Seit 2009 gibt es für Aquakulturen obendrein das EU-Bio-Logo.

Unkritisch: Karpfen aus der Region

Schließlich kann sich auch die spezielle regionale Herkunft von Fischen positiv auf deren Bilanz auswirken. In Deutschland dürfen sieben Fischarten das EU-Herkunftssiegel „Geschützte geografische Angabe" tragen. Dieses zeigt an, dass mindestens eine Produktionsstufe – Erzeugung, Verarbeitung oder Herstellung – in der Herkunftsregion durchlaufen wird.

Neben Schwarzwaldforelle und Glückstädter Matjes sind das Aischgründer, Fränkischer, Holsteiner und Oberpfälzer Karpfen sowie Oberlausitzer Biokarpfen. Doch auch ohne Herkunftssiegel gilt Karpfen als besonders nachhaltig.

GEFRORENER FISCH

Frischfisch aus anderen Teilen der Welt, etwa Viktoriabarsch aus Tansania, gelangt meist mit dem Flugzeug zu uns – inklusive riesigem Carbon Footprint. Insgesamt sind zwar nur vier Prozent des verkauften Fischs Flugware – doch mengenmäßig liegt dieser auf Platz eins der eingeflogenen Lebensmittel! Dagegen sind die Transportemissionen bei gefrorenem Fisch nahezu zu vernachlässigen – egal, ob er regional im Lkw oder über lange Strecken per Schiff transportiert wird. Hier fällt vor allem ins Gewicht, wie lange er bei Minustemperaturen lagert. Wer den Energieaufwand verkleinern und die Bilanz verbessern will, sollte TK-Fisch deshalb nicht in die eigene Kühltruhe packen, sondern nach dem Kauf auftauen und verbrauchen (Quelle: WWF).

Saiblings-Ceviche auf Apfel-Gurken-Salat

0,6 KG CO_2 PRO PORTION

Für 2 Portionen
180 g Saiblingsfilet (z. B. ASC) ohne Haut
Saft von 1 großen Zitrone
½ TL Chilipulver
100 g Gurke
½ Apfel
¼ Paprikaschote
1 Frühlingszwiebel
2 Stiele Dill
2 EL vegane Mayonnaise
Salz, Pfeffer
1 Handvoll Rucola

Pro Portion
266 kcal, 15 g F, 11 g KH, 3 g Bst, 18 g E

Zubereitung

Saibling trocken tupfen und mit einer Pinzette eventuell vorhandene Gräten ziehen. Den Fisch in feine Würfel schneiden. Zitronensaft mit Chilipulver und den Fischwürfeln in einer flachen Schale mischen. Eine Schüssel ist nicht so geeignet, da nicht alle Fischwürfel mit dem Zitronensaft in Kontakt kommen. Abgedeckt mindestens 2 Stunden im Kühlschrank ziehen lassen.

Gurke und Apfel waschen und nur schälen, wenn es keine Bioware ist. Apfel entkernen. Beides fein würfeln. Paprika putzen und ebenfalls fein würfeln. Frühlingszwiebel putzen und in feine Ringe schneiden. Dill abbrausen, trocken schütteln und fein hacken. Alle vorbereiteten Zutaten mit der Mayonnaise mischen und mit Salz und Pfeffer würzen. Rucola waschen und trocken schleudern.

Die Fischwürfel abtropfen lassen, die Marinade auffangen. Rucola auf zwei Teller verteilen und mit etwas Marinade beträufeln. Gurkensalat und dann Ceviche darauf anrichten, dabei eventuell einen Servierring verwenden.

Saison:

Die Ceviche kann auch mit abgetropftem fermentierten Gemüse (S. 153) serviert werden. Auch mit Lauchstreifen, Radicchio oder Chicorée schmeckt sie köstlich. Für eine fruchtige Komponente im Winter ein paar getrocknete Berberitzen oder klein geschnittene Trockenaprikosen untermischen.

Resteverwertung:

Alle Zutaten mischen und abgedeckt kalt stellen. Spätestens am nächsten Tag essen.

SO GEHT'S BESSER

Käufer bestimmen Bilanz. Zwischen 30 und 60 Prozent der CO_2-Emissionen von Tiefkühlware gehen auf das Konto der Käufer. Davon entfällt wiederum etwa ein Drittel auf die Lagerung im Gefriergerät (angenommene Lagerdauer: zwei Wochen) und die Hälfte auf die Zubereitung im Backofen oder auf dem Herd.

Grundlast minimieren. Wer Tiefkühlprodukte über längere Zeit lagert, sollte sein Gefriergerät an einem kühlen Ort aufstellen – zum Beispiel im Keller oder in der Garage. Dort benötigt es zum Erhalten der Innentemperatur deutlich weniger Energie. Diese „Grundlast" ist für die Gesamtbilanz wichtiger als der zusätzliche Energieverbrauch beim Frosten frischer Lebensmittel.

Einfrieren unkritisch. Zum Herunterkühlen eines Kilogramms Gefriergut von +25 auf -16 Grad benötigten die Gefriergeräte in unserem aktuellen Test 0,04 Kilowattstunden. Wer jede Woche drei Kilogramm Lebensmittel einfriert, kommt im Jahr zusätzlich zur Grundlast auf 6,24 Kilowattstunden. Das entspricht rund 2,7 Kilogramm CO_2.

Kühlen mit Köpfchen. Legen Sie TK-Produkte erst am Ende des Einkaufs in Ihren Wagen, damit sie sich möglichst wenig erwärmen. Haben Sie einen weiten Heimweg, nutzen Sie Isoliertaschen oder -beutel. Geben Sie die Produkte zu Hause zügig in Ihr Gefriergerät. Öffnen Sie dieses nur kurz und tauen Sie es regelmäßig ab.

TK-Ware nicht schlechter als andere Konserven

Speisekammer? Vorratskeller? Das haben heute nur noch wenige Menschen, geschweige denn, dass sie darin Mieten haben. Sie wissen schon – sand- oder strohgefüllte Holzkisten oder Erdlöcher zum Einlagern von Kartoffeln, Möhren und Sellerie.

Vor allem wir modernen Stadtbewohner leben lieber von der Hand in den Mund – was für unsere Klimabilanz nicht schlecht sein muss. Obst und Gemüse ist frisch am allerbesten. Was bei „snackbaren" Früchten wie Erd-, Him- und Blaubeeren kein Problem ist, gestaltet sich bei Salat, Brokkoli und Frühlingszwiebeln schwieriger. Klar, im Kühlschrank halten die sich mehrere Tage. Doch was, wenn man mal was auf Vorrat haben will? Frische Ware einfrieren oder lieber gleich Konserven kaufen?

Tiefkühlware besser als ihr Ruf

Wer gern Haltbares kauft, hat – je nach Produkt – die Wahl zwischen Glas, Blechdose und Kunststoffbeutel. Aus Gesundheitssicht sind Tiefkühlobst und -gemüse Trumpf, da Mineralstoffe und Vitamine beim Schockfrosten erhalten bleiben.

Eine Untersuchung des Öko-Institutes zeigte 2012, dass Tiefkühlprodukte keine schlechtere Klimabilanz haben als Produkte aus dem Glas oder aus der Konserve. Untersucht wurde der gesamte Produktzyklus – von der Ernte bis zum Erhitzen, inklusive Einkauf mit dem Auto.

Wer also TK-Ware kauft, spart sich die Energie fürs Frosten, sollte jedoch darauf achten, dass die Sachen unterwegs nicht auftauen. Und: Sechs Tage in der Kühltruhe sind besser als sechs Monate.

Sommer-Chili mit frischem Mais

0,7 KG CO_2 PRO PORTION

Zubereitung

Sojaschnetzel mit Chilipulver und Sojasauce in eine Schüssel geben. 150 ml Wasser im Wasserkocher aufkochen, die Sojaschnetzel damit übergießen und 10 Minuten quellen lassen.

In der Zwischenzeit Zwiebel und Knoblauch schälen und würfeln. Paprika putzen und in Würfel schneiden. Den Maiskolben von Blättern und Fasern befreien, aufrecht auf ein Brett stellen und die Maiskörner mit einem großen Messer vom Kolben schneiden. Die Bohnen in ein Sieb geben und abtropfen lassen. Koriander abbrausen, trocken schütteln und grob hacken.

Zwiebel und Knoblauch im heißen Öl glasig dünsten. Tomatenmark zugeben und kurz andünsten. 500 ml Wasser im Wasserkocher aufkochen und zur Zwiebelmischung geben. Sojaschnetzel, Paprika und Gemüsebrühpaste zufügen und 20 Minuten zugedeckt garen, nach 15 Minuten Mais und Kidneybohnen zugeben.

Mit Essig, Salz, eventuell weiterem Chilipulver und Zucker würzen und mit einem Klecks Joghurt und dem Koriander bestreut servieren. Für den großen Hunger Fladenbrot dazu reichen.

Für 2 Portionen

60 g Sojaschnetzel
½ TL Chilipulver
2 EL Sojasauce
1 Zwiebel
2 Knoblauchzehen
1 rote Paprikaschote
1 Maiskolben (ca. 150 g Körner)
1 Dose Kidneybohnen (260 g Abtropfgewicht)
3 Stiele Koriander
2 EL Rapsöl
2 EL Tomatenmark
1 TL Gemüsebrühpaste
1–2 EL Apfel- oder Weinessig
Salz
1 TL Zucker
2 EL Naturjoghurt oder Joghurtalternative

Pro Portion

526 kcal, 16 g F, 49 g KH, 23 g Bst ,34 g E

Saison:

Im Frühling schmeckt der würzige Eintopf mit Rosenkohl und Champignons, eine Herbst-Variante gelingt mit grünen Bohnen und Blumenkohl. Mit Petersilienwurzel und Wirsing liegt man im Winter richtig.

Resteverwertung:

Der Eintopf schmeckt am nächsten Tag mit einer Portion Polenta oder Bulgur.

Entspricht etwa einem Waschgang mit der Waschmaschine bei 60 Grad. (750 g)

CO_2-EINSPARUNG PRO PORTION

–0,9 kg

im Vergleich zu Chili con Carne (→ S. 172)

LEVEL 3

Gering verarbeitete Lebensmittel wählen

Große Produktionsmengen hin, effiziente Anlagen her – je mehr Verarbeitungsschritte ein Lebensmittel hinter sich hat, desto schlechter oft seine CO_2-Bilanz. Ganz zu schweigen von Geschmacksverstärkern, Süß- und Konservierungsstoffen. Wer viel Rohkost isst und Gerichte schonend gart, sammelt Punkte für Gesundheit und Klima.

Je weniger Zutaten und Zusätze, desto besser

Salamipizza aus der Gefriertruhe, Salat aus der Plastikschale, Pilzsuppe aus der Tüte – was täten wir nur ohne Fertigprodukte? Für die meisten von uns gehören sie zum Alltag wie Zahnbürste und Smartphone. Sie sind ja auch praktisch: kein Schnibbeln, kein Kochen, kein langes Warten – nur erhitzen. Wenn überhaupt.

Manche Produkte wandern aus der Verpackung direkt in den Mund, andere packt man kurz in die Mikrowelle und wieder andere dienen als Basis für Suppen, Desserts und Getränke. Da wir mit ihnen weniger bis keine Arbeit haben, sparen wir Zeit.

Wer jedoch auf die Zutatenliste dieser auch „Convenience-Food" (engl. für „Bequem-Essen") genannten Industrieprodukte schaut, versteht oft nur Bahnhof: Nicht selten tummeln sich hier 15 und mehr Ingredienzen, von denen einige an den Chemieunterricht erinnern. Manche geben mehr Geschmack, andere machen länger haltbar, peppen die Optik auf oder schaffen Volumen. Leider sorgen manche auch dafür, dass wir dick werden – oder krank.

Je mehr Verarbeitungsschritte ein Produkt durchlaufen hat und je mehr Zusätze es enthält, desto höher sein Verarbeitungsgrad. Sehr hoch ist dieser zum Beispiel bei Trockensuppen, Fertiggerichten sowie Fleisch- und Wurstprodukten.

Inzwischen gelten zwei Drittel aller Lebensmittel als hochverarbeitet und damit potenziell gesundheitsschädlich. Während manche zu Reizdarm oder koronaren Herzerkrankungen führen können, begünstigen andere Diabetes oder Darmkrebs.

Auch in Sachen Umwelt und Klima schneiden hochverarbeitete Erzeugnisse gar nicht berauschend ab. Im Gegenteil: Sie tragen erheblich zum Anstieg der Treibhausgasemissionen und des Wasserverbrauchs bei. So lautete die zentrale Aussage einer 2021 erschienenen Studie mehrerer Universitäten, die erstmals beleuchtete, wie sich eine veränderte Ernährungsweise der Einwohner auf die Klimaemissionen eines Landes auswirkt.

Untersucht wurde der Lebensmittelkonsum in Brasilien. Zwischen 1987 und 2018 nahm dort – wie fast überall auf der Welt – der Verzehr hochverarbeiteter Produkte stark zu – darunter Wurstwaren, industrielle Fertiggerichte, Margarine, Süßigkeiten und Softdrinks. Grund für die wachsende Klimabelastung war vor allem der höhere Verbrauch von hochverarbeitetem Fleisch.

Überlegt einkaufen, selbst zubereiten

Wer wie wir CO_2 einsparen will, greift deshalb nach Möglichkeit zu un- oder wenig verarbeiteten Produkten. Dazu gehören frisches oder tiefgekühltes Obst und Gemüse, Nüsse und Trockenobst. Auch Fleisch, Fisch, Eier und Milch können in kleineren Mengen Teil einer Klima-Diät sein.

Dasselbe gilt für wenig verarbeitete Produkte, die auf verschiedene Weise haltbar gemacht und geschmacklich verändert wurden, zum Beispiel Käse, Schinken, Nudeln, Dosentomaten und Räucherfisch.

Fazit: CO_2 sparen wir, indem wir bewusst einkaufen und Lebensmittel selbst verarbeiten. Haben wir Appetit auf Pizza, fehlt aber die Zeit zum Kochen, dann kaufen wir statt Fertigpizza nur den Teig und belegen diesen mit frischen Zutaten.

BOOSTER FÜR DIE CO_2-BILANZ

-26 KILOGRAMM CO_2

Steakstreifen oder gebratene Garnelen als Topping auf dem Salat? Macht pro 100 Gramm 1,4 (Steak) beziehungsweise 1,3 Kilogramm CO_2 (Garnelen). Beides jeweils zehnmal im Jahr auf den gemischten Salat gepackt – schon sind wir bei insgesamt 27 Kilogramm CO_2. Nur etwa halb so klimaschädlich sind Fetawürfel: 20-mal jeweils 100 Gramm belasten die Bilanz mit lediglich 14 Kilogramm CO_2. Nochmals deutlich besser schneiden Tofuwürfel und Avocadostreifen ab: Zwei Kilogramm schlagen mit lediglich 2 beziehungsweise 1,2 Kilogramm CO_2 zu Buche.

-25 KILOGRAMM CO_2

Wer außerhalb der Saison „Winter-Tomaten" aus dem beheizten Gewächshaus kauft, handelt sich pro Kilogramm 2,9 Kilogramm CO_2 ein. Im Vergleich dazu bringen „unbeheizte" Tomaten aus Spanien lediglich 0,4 Kilogramm mit. Macht bei zehn Kilo Tomaten pro Wintersaison einen Unterschied von 25 Kilogramm! Übrigens: Freiland-Tomaten aus Deutschland, wie es sie in der Saison von Mai bis September zu kaufen gibt, belasten das Klima nur mit 0,3 Kilogramm CO_2.

Roh ein Genuss: Obst, Gemüse, Nüsse, Samen

Unverarbeitete Lebensmittel in rohem Zustand essen – wer das regelmäßig schafft, tut seiner Gesundheit etwas Gutes: Rohkost ist nicht nur lecker, sie enthält kaum Kalorien, dafür viele Vitamine und Spurenelemente. Auch das Klima profitiert, denn schließlich fällt der für das Garen erforderliche Energieaufwand weg.

Natürlich eignet sich längst nicht alles dazu, roh weggeknabbert zu werden, doch das Angebot ist erstaunlich groß – sogar dann, wenn man sich auf heimische Produkte konzentriert. Neben Samen, Nüssen und Obst spielt Gemüse die erste Geige – für Klimaretter ist Saisonware erste Wahl.

Sind aus regionalem Anbau vor allem Kohl und Möhren ganzjährig verfügbar, kommen saisonal weitere Sorten wie Rettich und Rübchen hinzu – dazu Klassiker wie Paprika, Gurke und Tomate. Nicht zu vergessen die Auswahl an Salaten – im Winter Chicorée und Feldsalat, ab Mai Endivien-, Eichblatt-, Kopf- und Romanasalat.

Nur noch Rohkost? Besser nicht

Auch hier gilt: Es ist nicht nötig, ins Extrem zu gehen und sich zum größten Teil oder gar komplett von Rohkost zu ernähren. Vor allem Zink, Kalzium, Jod und Vitamin D könnten wir dann nicht ausreichend aufnehmen. Von Mangelerscheinungen betroffen wären unter anderem Knochen und Zähne.

Außerdem sind gegarte Lebensmittel nahrhafter – und das Erhitzen macht manche besser verdaulich, zum Beispiel das zellschützende Glukosinat in Brokkoli.

Kartoffeln, Bohnen und Hülsenfrüchte sind roh sogar giftig.

Schließlich macht das Garen manche Inhaltsstoffe für den Körper erst verfügbar. So wandelt dieser das Beta-Karotin, etwa aus Möhren, in Vitamin A um. Aus rohen Möhren nehmen wir jedoch nur ein Prozent davon auf, aus gegarten bis zu 30 Prozent. Ähnliches gilt für den entzündungshemmenden Farbstoff Lykopin in Tomaten.

Viel Salat mit dezentem Topping

Fachleute raten zu mindestens drei Handvoll Gemüse am Tag – davon rund die Hälfte als Rohkost. Außerdem gelten zwei Handvoll Obst als gesund, wobei eine auch aus Nüssen, Ölsaat oder Hülsenfrüchten bestehen kann. Die Mischung macht es – und Abwechslung ist Trumpf! Wie wäre es mit einem bunten Salat samt leichtem Dressing und einem Topping aus gekochten oder gebratenen Zutaten? Drei vegetarische Vorschläge finden Sie auf Seite 99.

Klimafreundlicher Nebeneffekt: Bei Salaten, die als Hauptgericht serviert werden, stimmt das Mengenverhältnis der Zutaten fast automatisch: Rohes Gemüse ist der Hauptdarsteller, das Topping – ob vegetarisch oder nicht – die Ergänzung.

Der Vollständigkeit halber: Natürlich lassen sich auch Fleisch und Fisch grundsätzlich roh verzehren, wie nicht nur Fans von Mettbrötchen und Sushi wissen. Doch abgesehen vom großen Klima-Fußabdruck tierischer Lebensmittel sollten wir uns dabei der Gefahr durch Salmonellen und andere Krankheitskeime bewusst sein.

Unsere Empfehlungen bleiben aus diesen Gründen auf den Verzehr roher pflanzlicher Lebensmittel beschränkt.

SO GEHT'S BESSER

Blähungen vermeiden. Schwer verdauliche Kohlenhydrate werden im Dickdarm durch Bakterien zu Zucker vergoren und können dabei eine verstärkte Bildung von Gasen auslösen. Gerade bei Kohl kann der Prozess des Verdauens acht Stunden und länger dauern. Wer empfindlich reagiert, sollte Sorten wie Rosen- und Blumenkohl, im Zweifel auch Rot- und Weißkohl vor dem Verzehr garen.

Verzicht keine Lösung. Rohes Obst und Gemüse enthält viele Ballaststoffe. Sie dienen den Darmbakterien als Nahrung und regen die Verdauung an. Geben Sie Ihrem Darm Zeit, sich auf diese Ernährung einzustellen. Starten Sie mit kleinen Mengen und kauen Sie gründlich. Sie können Obst und Gemüse in Stücke scheiden, vielleicht hobeln oder reiben.

Tageszeit beachten. Damit Zeit für die Verdauung bleibt, ist das Mittagessen für die meisten Menschen der beste Zeitpunkt für Salat und rohes Gemüse. Mindestens drei bis vier Stunden vor dem Schlafengehen sollte man darauf verzichten.

Toppings für Salate

0,2/0,04/0,1 KG CO_2 PRO PORTION

Honig-Senf-Champignons

Champignons putzen, mit einem Geschirrtuch abreiben und je nach Größe halbieren oder vierteln. Das Öl in einer beschichteten Pfanne erhitzen und die Pilze darin 5–8 Minuten braten. Senf, Honig, Brühe und Thymian unterschwenken und mit Salz und Pfeffer würzen.

Für je 2 Portionen
200 g Champignons
2 EL Rapsöl
je 1 gestrichener EL körniger Senf und Honig
5 EL Gemüsebrühe
½ TL getrockneter Thymian
Salz, Pfeffer

Pro Portion
136 kcal, 10 g F, 5 g KH, 2 g Bst, 4 g E

Curry-Süßkartoffeln

Süßkartoffel schälen und in ca. 1 cm große Würfel schneiden. Das Öl in einer beschichteten Pfanne erhitzen und die Kartoffelwürfel darin bei mittlerer Hitze in 10–12 Minuten braun braten. Mit Currypulver und Salz würzen.

1 kleine Süßkartoffel
2 EL Rapsöl
Salz
1 TL Currypulver (nach Geschmack mild oder scharf)

Pro Portion
225 kcal, 10 g F, 28 g KH, 4 g Bst, 2 g E

Togarashi-Croûtons

Das Brot würfeln. Margarine in einer beschichteten Pfanne erhitzen, Togarashi und Salz einstreuen und die Brotwürfel zugeben. Bei mittlerer Hitze ca. 5 Minuten knusprig rösten und über den Salat geben.

2 Scheiben feines Vollkornbrot
1 EL Margarine
1–2 TL Togarashi-Gewürz
1 kleine Prise Salz

Pro Portion
177 kcal, 7 g F, 20 g KH, 4 g Bst, 4 g E

Rotkohlsalat mit Walnüssen und Datteln

0,2 KG CO_2 PRO PORTION

Für 2 Portionen

¼ Rotkohl
¼ TL Salz
4 getrocknete Datteln
2 EL Apfel- oder Weinessig
je ¼ TL gemahlener Kreuzkümmel, gemahlener Koriander und Chiliflocken
30 g Walnüsse
1 EL geröstetes Sesamöl

Pro Portion

230 kcal, 15 g F, 15 g KH, 5 g Bst, 4 g E

Zubereitung

Den Rotkohl putzen, vom Strunk befreien und in feine Streifen schneiden oder hobeln. Mit Salz bestreuen und mit den Händen kneten, bis etwas Flüssigkeit austritt. Die Datteln in Scheiben schneiden.

Essig mit Kreuzkümmel, Koriander und Chiliflocken verrühren. Rotkohl mit Datteln, Walnüssen und Essig mischen und mindestens 10 Minuten durchziehen lassen.

Das Öl unterheben und den Salat noch einmal mit den verwendeten Gewürzen abschmecken.

Tipp:

Der Salat passt z. B. zu Falafeln, Veggie-Bratlingen, Fladenbrot und Hummus. Als Partysalat die Menge vervielfachen.

Saison:

Der Salat gelingt auch mit Spitzkohl, Weißkohl und Chinakohl und schmeckt im Sommer und Herbst mit frischen Nektarinen, Birnenstückchen oder Trauben.

Resteverwertung:

Die Rohkost schmeckt zum nächsten Abendbrot als Beilage oder zusammen mit Scheiben von Räucher- oder Nusstofu in einem Sandwich.

-310

KILOGRAMM CO_2

Schummel-Deal

Laut Verkehrsträgervergleich des Umweltbundesamtes spart jeder, der das Auto stehen lässt und mit dem Rad fährt, pro Kilometer 139 Gramm CO_2 ein. Bei einem Arbeitsweg von fünf Kilometern sind auf diese Weise pro Jahr rund 310 Kilogramm weniger Emissionen drin. Wer nur an der Hälfte der Tage mit dem Rad fährt, spart immer noch 155 Kilogramm. Auf den einzelnen Arbeitstag heruntergerechnet sind das 1,4 Kilogramm – dafür könnte man sich fast schon eine Portion Lasagne (1,6 Kilogramm CO_2) gönnen – bei zehn Kilometern Arbeitsweg sogar eine Portion Rindergulasch (2,6 Kilogramm).

Fix-Produkte: Selbst gemixt, Müll gespart!

Ob Tütensuppe oder Puddingpulver, Salatdressing oder Brühwürfel – Fix-Produkte machen das Leben bequem und sparen Zeit. Leider enthalten sie potenziell ungesunde Zusätze – und werden in Einwegverpackungen wie Schraubgläsern, Bechern und Plastiktütchen verkauft, nicht selten portionsweise. Darauf verzichten wir gern.

Stellt sich die Frage: Lassen sich auch in Eigenregie schmackhafte und haltbare Pulver, Pasten und Saucen herstellen? Antwort: klar, sogar überraschend viele. Am besten produziert man gleich einen ganzen Vorrat – das spart Energie beim Kochen. Nur nebenbei: Fix-Produkte eignen sich, hübsch verpackt, super als Geschenk!

Ohne Strom wird's klimafreundlich

Eine gute CO_2-Bilanz haben vor allem Produkte, deren Zutaten sich kalt zusammenrühren lassen. Haben Sie schon mal ein Rub gemixt – eine Würzmischung zum Einreiben von Gemüse und Fleisch vor dem Grillen? Versuchen Sie es: Zutaten wie Paprikapulver, Senfsaat, Kreuzkümmel und Rohrzucker hat fast jeder im Schrank. Sie lassen sich in einem Mörser pulverisieren. Apropos: Für Klima und Stromrechnung zerkleinern wir Zutaten nicht mit Mixer und Küchenmaschine, sondern möglichst mit Trommelreibe oder Fleischwolf.

Mit einer Grundausstattung an Gewürzen lassen sich auch Salat-Fix, Hähnchen- und Bratkartoffelgewürz sowie vieles andere trocken mixen und in Gläser füllen.

Zugegeben: Die Emissionswerte der meisten fertigen Gewürze und Kräuter lassen sich in der Gesamtbilanz vernachlässigen – doch wer schon im Kleinen darauf achtet, nachhaltig und klimabewusst zu handeln, tut das im Großen erst recht.

Kritischer sieht die Sache bei Zutaten wie Vanilleschoten und Wermutkraut aus. Und auch die Herstellung von Ölen und Essig, wie wir sie zum Beispiel für Dressings, Pasten und Würzsaucen benötigen, verursacht relativ hohe Emissionen. Verwenden Sie diese deshalb möglichst sparsam!

Schraubgläser mehrfach nutzen

Stichwort Würzsaucen: Im Gegensatz zu trockenen Mischungen können selbst gekochte Ketchups, Chutneys und Relishes in Sachen Klimabilanz nicht mit industriellen Produkten und deren hocheffizienter Herstellung mithalten. Dasselbe gilt für Marmeladen und Aufstriche.

Doch wichtiger als der Inhalt ist aus Klimasicht oft die Verpackung. So auch hier: Statt sich neue Einmach- oder Bügelgläser zu kaufen, verwenden Sie für selbst hergestellte Fertigprodukte – ob Pulver, Pasten oder Saucen – gebrauchte Gläser mit Schraubdeckelverschluss, die Sie von Marmeladen und Aufstrichen übrig haben.

Wer für die selbst gekochte Lieblingskonfitüre oder das Birnen-Chutney (siehe Rezept Seite 105) ein gebrauchtes Glas erneut verwendet, federt den Klimavorteil industriell hergestellter Produkte ab. Noch ein schönes Etikett aufs Glas – und ab damit in den Kühl- oder Vorratsschrank.

Nicht vergessen: Mit Salz Konserviertes hält sich bis zu einem Jahr, trockene Mischungen halten etwa sechs Monate und heiß eingefüllte Saucen und Pasten gut und gern vier Wochen.

SELBST GEMACHTE PASTE FÜR GEMÜSEBRÜHE

Gemüsebrühe wird für Suppen benötigt, zum Dünsten von Gemüse, Ablöschen von Risotto sowie zum Würzen. Hier die Anleitung zum Herstellen eines kleinen Vorrats an Paste für Gemüsebrühe.

1. Kaufen Sie etwa ein Kilogramm frisches Gemüse, klassischerweise Karotten, Sellerie und Lauch, aber auch Petersilienwurzeln, Pastinaken, Zwiebeln, Knoblauch und Champignons eignen sich. Außerdem brauchen Sie Kräuter wie Petersilie, Thymian, Liebstöckel und Salbei.

2. Waschen Sie die Kräuter, schütteln Sie sie trocken und zupfen Sie die Blätter von den Zweigen.

3. Waschen Sie das Gemüse gründlich. Schälen und putzen müssen Sie nur schadhafte Stellen – intakte Schalen können Sie verwenden (siehe Seite 116) – und auf diese Weise Abfall sparen!

4. Zerkleinern Sie das Gemüse grob mit einem Messer. Hacken Sie anschließend die Kräuter.

5. Verarbeiten Sie Gemüse und Kräuter mit einer Trommelreibe (ersatzweise einem Mixer) zu einer möglichst feinen Paste. Fügen Sie für jeweils 100 Gramm Gemüse 10 Gramm Salz hinzu, außerdem einen Esslöffel Oliven- oder Rapsöl.

6. Füllen Sie die Paste in Schraub- oder Bügelgläser, die Sie vorher für einige Minuten in Wasser ausgekocht haben. Verschließen Sie diese fest und lagern Sie sie im Kühlschrank.

7. Gießen Sie je nach Geschmack 200 bis 300 Milliliter kochendes Wasser auf einen Esslöffel Paste, rühren Sie um – fertig ist die heiße Brühe.

CO_2-EINSPARUNG PRO PORTION

-0,3 kg

im Vergleich zu Mango-Chutney (→ S. 172)

Birnen-Chutney

0,1 KG CO_2 PRO PORTION

Zubereitung

Zwiebel und Ingwer schälen und würfeln. Chilischote putzen und in Ringe schneiden. Birnen schälen, entkernen und würfeln. Wer ein stückiges Chutney erhalten möchte, sollte alles fein würfeln, vor allem die scharfen Zutaten. Wer zum Schluss püriert, kann etwas großzügiger beim Zerkleinern sein.

Öl in einem Topf erhitzen und Zwiebel, Ingwer und Chili 5 Minuten bei geringer Hitze andünsten. Zucker zugeben und etwas karamellisieren lassen. Essig und Saft zugießen, Birnen und Salz zufügen und zugedeckt ca. 10 Minuten kochen.

3 EL Wasser mit Agar-Agar verrühren und zu den Birnen geben. 1–2 Minuten köcheln, eventuell mit dem Stabmixer pürieren und nach Wunsch mit Salz abschmecken. Kochend heiß in vorbereitete Schraubgläser füllen, diese verschließen und 5 Minuten kopfüber abkühlen lassen. Wieder umdrehen und vollständig abkühlen lassen.

Für 350 g

1 Zwiebel
20 g Ingwer
1 kleine Chilischote
2 Birnen
1 EL Rapsöl
2 EL Zucker
3 EL Apfel- oder Weinessig
4 EL Apfelsaft
¼ TL Salz
1 TL Agar-Agar

Pro Portion

34 kcal, 1 g F, 6 g KH, 1 g Bst, 0 g E

Saison:

Im Sommer lassen sich auch aus Aprikosen, Nektarinen, Pfirsichen oder Pflaumen leckere Chutneys zubereiten.

Resteverwertung:

Das Chutney bleibt unangebrochen ca. 2 Monate und angebrochen im Kühlschrank ca. 2 Wochen verwendbar. Daher am besten in kleine Schraubgläser füllen und Teilmengen mit sauberem Besteck entnehmen. Chutney schmeckt zu Currygerichten, Steak, Fisch, gegrilltem Gemüse und Käse, auf Crostini und Sandwiches und als Dip zu Gemüsesticks. Außerdem kann man auf Chutney-Basis ein köstliches Salatdressing mixen. Einfach mit etwas Wasser, Brühe oder Fruchtsaft verdünnen und etwas Öl unterrühren.

Lunch to go: Ab in die Box statt auf die Hand

Frühstück, Mittagessen, Abendbrot? Das war einmal. Für immer mehr Menschen passen die traditionellen Mahlzeiten nicht mehr zu ihrem Lebensrhythmus. Zu aufwendig, zu mächtig, zu langweilig.

Stattdessen essen gerade Jüngere öfter mal etwas Kleines zwischendurch – und probieren die gesamte Vielfalt des Angebots aus: am Morgen vielleicht einen Joghurt mit Früchten, einen Müsliriegel vormittags im Büro, mittags eine Ramensuppe, später ein paar Gemüsesticks mit Dip und am Abend noch einen leichten Couscoussalat mit Geflügelstreifen.

„Snackification" ist laut Zukunftsinstitut einer der Megatrends im Bereich Ernährung. Snacks meint hier nicht Chips oder Nüsschen, sondern kleinere Portionen, die sich im besten Fall sogar unterwegs verspeisen lassen.

Seien wir ehrlich: Zeit, um Essen selbst zuzubereiten, haben wir am ehesten abends. Am Morgen fehlt vielen für ein Frühstück die Zeit oder der Hunger – und tagsüber muss ohnehin alles schnell gehen. Meldet sich irgendwann der Magen, hetzt man an die Imbissbude, zum Bäcker oder in den Supermarkt und holt sich etwas auf die Hand: Currywurst, Hähnchenkeule, Käsebrötchen.

Leicht? Lecker? Nachhaltig? Eher das Gegenteil. Doch wer nicht in der Großstadt arbeitet, hat meist gar keine andere Wahl, als zu klassischem Fast Food zu greifen.

Die gesunde und klimafreundliche Lösung heißt: Do it yourself! Das bedeutet: Verlassen Sie das Haus nicht ohne Proviant. Bereiten Sie etwas vor, das Sie wirklich mögen und von dem Sie wissen, was drin ist! Das kann ein Salat sein (Seite 110), ein Sandwich (Seite 109) oder ein einfaches One-Pot-Gericht, das Sie in der Teeküche Ihres Büros nur kurz in die Mikrowelle schieben. Der Aufwand hält sich mit etwas Übung in Grenzen – eventuell lassen sich sogar Reste anderer Mahlzeiten umfunktionieren. Viele Anregungen dazu finden Sie unter dem Stichwort „Resteverwertung" in unseren Rezepten.

EINWEG-GESCHIRR

Ob im Burger-Restaurant, am Hähnchengrill oder der Würstchenbude – wer unterwegs etwas essen oder trinken will, bekommt meist Einweggeschirr und -besteck dazu – und in der „To-go-Variante" noch eine Verpackung. Becher, Teller, Schalen, Snackboxen, Gabeln, Eislöffel, Pommespikser, Tütchen, Thermobeutel. Für den Händler ist das billig – doch unterm Strich eine Mega-Verschwendung von Ressourcen plus Riesenwolke an CO_2-Emissionen! Der Boom von Abholangeboten und Lieferdiensten verschärft die Lage. Was tun? So unbequem es auch sein mag: Klimahelden in spe bringen eigene Behälter mit, lehnen überflüssige Verpackungen ab, kaufen ihre Lebensmittel selbst ein und kochen Essen zu Hause.

Coffee to go – sparen Sie sich den Einweg-Müll!

Coffee to go trinkt man am besten aus einem Mehrwegbecher. Ab ca. 50-mal Nachfüllen liegt dieser klimatechnisch im Plus. Übrigens: Anders als Bambus- sind Edelstahl-Becher recycelbar.

Wegwerfbecher verursachen pro Jahr 31 000 Tonnen Abfall, Deckel weitere 9 000 Tonnen – das entspricht dem Gewicht von 33 000 VW Golf!

Die hierzulande pro Jahr verbrauchten Einwegbecher und -deckel sorgen für 111 000 Tonnen CO_2.

Viele Stehcafés und Bäckereien füllen saubere Mehrwegbecher gern auf und gewähren teilweise sogar Rabatt.

Beim Spülen von Mehrwegbechern entstehen zwar CO_2-Emissionen – diese sind jedoch deutlich geringer als jene bei der Produktion von Einwegbechern und Deckeln.

Da die meisten Becher und Deckel nach Gebrauch in öffentlichen Abfallbehältern landen, werden sie als Restmüll verbrannt. Wertvolle Rohstoffe gehen so fürs Recycling verloren.

CO_2-EINSPARUNG
PRO PORTION

-1,4 kg

im Vergleich zu
einem Clubsandwich
(→ S. 172)

Miso-Auberginen-Sandwich

0,4 KG CO_2 PRO PORTION

Zubereitung

Die Aubergine putzen, quer halbieren und längs in Scheiben schneiden. Mit Salz bestreuen und auf einem Geschirrtuch oder Küchenpapier Wasser ziehen lassen. Die Scheiben trocken tupfen.

Inzwischen Salat putzen, trocken schütteln und zerzupfen. Tomate waschen, vom Stielansatz befreien und in dünne Scheiben schneiden. Sprossen im Sieb abspülen und abtropfen lassen. Miso mit Sojasauce, Mirin und Zucker verrühren. Toastbrot hellbraun toasten.

Das Öl in einer Pfanne erhitzen und die Auberginenscheiben darin hellbraun braten, 2–3 Minuten pro Seite. Dann mit Misomischung bestreichen oder beträufeln und mit Sesam bestreuen. Weitere 2–3 Minuten pro Seite braten. Vorsicht, bei zu hoher Temperatur verbrennt die Paste!

Burger Buns halbieren und in einer beschichteten Pfanne ohne Fett die Schnittflächen kurz bräunen und anschließend mit Mayonnaise bestreichen. Die unteren Hälften mit Togarashi und Kresse bestreuen, mit Salat, Tomatenscheiben, Aubergine und Sprossen belegen, die oberen Hälften obenauf setzen. Eventuell mit Holzstäben fixieren. Bei der Variante mit Toast die Sandwiches vor dem Servieren diagonal durchschneiden.

Für 2 Portionen

1 mittelgroße Aubergine
20–30 g Blattsalat, z. B. Rucola
1 große Tomate
2–3 EL Sprossen, z. B. Alfalfa oder Brokkoli-Sprossen
1 EL Misopaste
je 1 EL Sojasauce und Mirin oder Sherry oder Fruchtsaft
½ TL Zucker
4 Burger Buns (Rezept S. 54) oder 4 Scheiben Vollkorn-Sandwichtoast
2 EL Rapsöl
2 TL Sesamsamen
2 EL vegane Mayonnaise oder Remoulade
1 TL Togarashi-Gewürz
1 Schale Kresse
Salz

Pro Portion – mit Burger Buns
581 kcal, 35 g F, 46 g KH, 8 g Bst, 13 g E

Pro Portion – mit Sandwichtoast
489 kcal, 28 g F, 40 g KH, 11 g Bst, 11 g E

Tipp:

7 Milliarden Küchenrollen werden pro Jahr allein in Deutschland verbraucht. Ein Grund mehr, wiederverwendbare Tücher zu benutzen, z. B. ausrangierte Geschirrtücher.

Saison:

Außerhalb der Auberginen-Zeit schmeckt das Sandwich auch mit großen Champignons, die haben immer Saison.

Bratkartoffel-Spargel-Salat

1,1 KG CO_2 PRO PORTION

Für 2 Portionen

400 g neue Kartoffeln
400 g grüner Spargel
1 Zwiebel
100 g Radieschen
2 EL Rapsöl
Salz
2 EL milder Essig (Himbeer- oder Apfelessig)
1 TL Zucker
1 TL Senf
1 TL rosa Pfefferbeeren, gehackt
Pfeffer
2 EL Olivenöl

Pro Portion

361 kcal, 20 g F, 33 g KH, 5 g Bst, 7 g E

Zubereitung

Kartoffeln waschen, gründlich abbürsten und mit der Schale würfeln. Spargel im unteren Drittel schälen, von den holzigen Enden befreien und in mundgerechte Stücke schneiden. Zwiebel schälen und in Halbringe schneiden. Radieschen waschen, putzen und vierteln. Nach Wunsch ein paar Radieschenblätter hacken und beiseitelegen.

Rapsöl in einer beschichteten Pfanne erhitzen und die Kartoffelwürfel darin ca. 12 Minuten braten, immer mal wieder durchschwenken und mit wenig Salz würzen. Spargel zugeben und weitere 7 Minuten braten. Zwiebelringe zufügen und noch einmal 2–3 Minuten braten.

Essig mit Zucker, Senf, Pfefferbeeren, etwas Salz und Pfeffer verrühren und das Olivenöl unterschlagen. Dressing, Pfanneninhalt und Radieschen mischen und in eine Dose oder ein Schraubglas geben. Wer mag, nimmt die Radieschenblätter separat mit. Bei großem Hunger ein Vollkornbrötchen oder -brot dazu essen oder gekochte Kichererbsen oder Linsen untermengen.

Saison:

Wenn die Kartoffelschalen dicker werden, die Knollen eventuell schälen. Der Salat schmeckt mit dicken Bohnen, Erbsen, Rosenkohl und Paprika. Lauch und Champignons stehen das ganze Jahr über zur Verfügung.

Resteverwertung:

Der Salat hält sich im Kühlschrank 2–3 Tage.

Zucchini-Couscous mit roten Linsen

0,4 KG CO_2 PRO PORTION

Für 2 Portionen
500 g Zucchini
je ½ Bund Petersilie, Minze und Basilikum oder Kräuter nach Wahl
40 g Cashewkerne oder Nüsse nach Wahl
2 EL Rapsöl
Salz, Pfeffer
100 g Couscous
50 g rote Linsen
1 TL Gemüsebrühpaste
3 EL Zitronensaft
je ½ TL gemahlener oder gemörserter Kreuzkümmel und Koriander
nach Wunsch 2 EL Naturjoghurt oder vegane Alternative

Pro Portion
544 kcal, 21 g F, 59 g KH, 8 g Bst, 22 g E

Zubereitung

Zucchini putzen, längs vierteln und in Stückchen schneiden. Kräuter abbrausen, trocken schütteln und hacken.

Cashewkerne im Topf ohne Öl einige Minuten rösten, bis sie hellbraun sind. Auf einem Teller zum Abkühlen beiseitestellen. Das Öl im gleichen Topf erhitzen und die Zucchini darin bei mittlerer Hitze 5 Minuten knackig garen. Mit Salz und Pfeffer würzen, den Bratensatz mit 5 EL Wasser lösen und alles auf einem Teller beiseitestellen.

400 ml Wasser im Wasserkocher aufkochen. Couscous und Linsen in den Topf geben, Gemüsebrühpaste und kochendes Wasser zufügen. Bei sehr niedriger Temperatur zugedeckt 10 Minuten ausquellen lassen, dann ist der Couscous gar und die Linsen haben noch leichten Biss. Zucchini, Zitronensaft und Kräuter unterheben und mit Salz, Pfeffer, Kreuzkümmel und Koriander abschmecken. Eventuell noch einmal erhitzen und heiß oder lauwarm mit den Cashewkernen bestreut servieren. Wer mag, serviert einen Klecks Naturjoghurt oder eine entsprechende vegane Variante dazu.

Saison:

Schmeckt rund ums Jahr mit Pastinaken, Rosenkohl, Wirsing, dicken Bohnen, Erbsen, Auberginen oder Spargel. Einige Gemüsesorten brauchen allerdings ein paar Minuten mehr Garzeit als die Zucchini.

Resteverwertung:

Am nächsten Tag als Mittagssnack essen – schmeckt auch zimmerwarm!

CO_2-EINSPARUNG PRO PORTION

–1,1 kg

im Vergleich zu Couscous mit Lammfleisch (→ S. 172)

Auf den Transport sollten Sie ein paar Gedanken verschwenden – doch auch das ist kein Hexenwerk: Neben einer fest schließenden Lunchbox für Sandwich, Gemüsesticks oder Salat eignen sich als Transportmittel auch Isolierbehälter (zum Beispiel für die aufgewärmte Suppe oder den Spaghettirest vom Vorabend) sowie Schraubdeckel- und Bügelgläser. Deren Aussehen ist weitgehend egal, nur dichthalten müssen sie.

In einem solchen Glas lässt sich auch der Salat für die Mittagspause unfallfrei ins Büro bringen. Wichtig: Schichten Sie die Zutaten so hinein, dass robustere und schwerere Sachen unten liegen, zum Beispiel Möhrenraspel, Gurkenscheiben oder Fenchelwürfel. Die nächste Schicht bilden Nudeln oder Hülsenfrüchte, gefolgt von Fleisch, Fisch, Eiern oder Tofu.

Als Nächstes kommen empfindlichere Sorten wie Erdbeeren, Avocado oder Tomaten – Salatblätter und Kräuter bilden den Abschluss. Das Dressing nehmen Sie separat mit oder geben es zuallerunterst ins Glas. Im Büro mischen Sie alles direkt im Glas oder geben es in eine passende Schüssel – fertig.

Übrigens: Immer beliebter wird auch das Vorkochen, heiße Einfüllen und Herunterkühlen eigener Lieblingsgerichte. Wie die aus der Gastronomie bekannte Technik des „Cook and chill" zu Hause funktioniert und was sie dem Klimaschutz bringt, haben wir ab Seite 148 für Sie dargestellt.

Und jetzt: Goodbye, Bulette, Döner, Pizzazunge und all ihr anderen nur mittelleckeren Notlösungen für die Mittagspause. Ab sofort schwelgen wir in Genüssen – selbstverständlich klimafreundlich.

SO GEHT'S BESSER

Leckere Frühlingssalate. Frischer Salat hat immer Saison. Zu jeder Jahreszeit lassen sich Zutaten finden – im Frühling zum Beispiel Batavia-Salat, Portulak, Champignons, Porree und Zwiebeln.

Leichte Sommer-Kreationen. Im Sommer haben wir die volle Auswahl – Eichblatt-, Eisberg- und Kopfsalat, Lollo rosso, Lollo bianco und Rucola. Auch Champignons, Fenchel und Gurke haben jetzt Saison – ebenso Kohlrabi, Lauchzwiebeln, Möhren, Paprika, Porree, Radieschen, Tomaten und Rote Bete. Sogar Spitzkohl, Staudensellerie und Zuckerschoten eignen sich.

Spannende Herbstvarianten. Im Herbst gibt es frischen Endivien- und Feldsalat sowie Radicchio, dazu weiterhin Eichblatt-, Eisberg- und Kopfsalat sowie Lollo rosso, Lollo bianco, Portulak und Rucola. Ebenfalls erhältlich: Champignons, Fenchel, Gurke, Kohlrabi, Lauchzwiebeln, Möhren, Paprika, Porree, Radieschen, Rote Bete, Rotkohl, Tomaten, Weißkohl, Zucchini, Zwiebeln.

Gesunde Winter-Kombinationen. Im Winter schließlich schnibbeln wir Chicorée, Endivien- und Feldsalat in die Schüssel, alternativ auch Portulak, Radicchio, Champignons, Porree, Rotkohl, Topinambur, Weißkohl und Zwiebeln.

Sattmacher und Toppings. Um satt zu werden, mischen Sie gegarte Weizen- oder Dinkelkörner, Couscous, Bulgur oder Hülsenfrüchte unter. Auch Kidney- und weiße Bohnen, Kichererbsen und Linsen sind perfekt. Wer es süß mag, fügt Beeren, Apfel- und Birnenstückchen hinzu, im Winter auch Rosinen oder Dattelstückchen.

LEVEL 4

Lebensmittel bewusst einkaufen, lagern und verwerten

„Reduce your Waste" – hier kommt die Challenge in der Challenge! Wir reduzieren unseren Abfall, vor allem den an Lebensmitteln und Verpackungen! Wir kaufen nur noch so viel, wie wir brauchen, bevorzugen dabei lose und wenig verpackte Ware und verbrauchen alles, bevor es vergammelt. CO_2-Bilanz: überzeugend, Verzicht: null.

Weniger wegwerfen – das heißt: besser planen

Schrumpelige Äpfel in der Obstschale, fleckige Champignons und die schon etwas schlappe Gurke im Kühlschrank, dazu der Rest Lasagne und der Joghurt, der nicht weniger werden will. Alles irgendwie noch gut, aber nicht mehr wirklich lecker.

Was jetzt tun damit? Von langem Grübeln wird das Zeug auch nicht frischer. Also geben wir uns einen Ruck, werfen alles in den Müll und nehmen uns vor, künftig weniger zu kaufen. Leider schaffen wir das dann doch nicht und – mal ganz ehrlich – ist ja auch alles kein Drama.

Ist es leider doch. Die Gesellschaft für Konsumforschung (GfK) ließ Menschen ein Abfalltagebuch führen und kam so für 2020 auf insgesamt 4,6 Millionen Tonnen Lebensmittelabfälle in Privathaushalten – 56 Kilogramm pro Kopf. Rund 40 Prozent davon wären vermeidbar gewesen. Davon wiederum waren 35 Prozent Obst und Gemüse, 15 Prozent zubereitete Lebensmittel, gefolgt von Brot und Backwaren (13 Prozent), Getränken (12 Prozent) und Milchprodukten (9 Prozent).

Als Hauptgründe nannten die Befragten, dass die entsorgten Lebensmittel verdorben waren, gefolgt von „sahen alt und unappetitlich aus", „zu große Menge gekocht" und „zu große Packung gekauft".

Der Knackpunkt: Wenn wir Lebensmittel wegwerfen, haben wir dafür nicht nur umsonst Geld ausgegeben. Dann waren auch die während des Lebenszyklus' aufgelaufenen Treibhausgas-Emissionen nutzlos. Auf ein ganzes Land hochgerechnet, geht es da schnell um Millionen Tonnen. Deshalb die Challenge „Reduce your Waste". Unser Ziel ist es, Lebensmittel- und Verpackungsabfälle zu minimieren. Das Ganze beginnt logischerweise beim Einkaufen. Schreiben Sie sich auf, was Sie brauchen, oder nutzen Sie eine App und begrenzen Sie Spontankäufe – auch wenn Sonderangebote locken. Motto: Was nicht im Einkaufswagen liegt, kann auch nicht im Abfall landen, jedenfalls nicht in Ihrem! Vermeiden Sie Verpackungsmüll, indem Sie lose und wenig verpackte Ware kaufen.

Was zu viel ist, wird weiterverarbeitet

Zu Hause legen Sie nur die Lebensmittel in den Kühlschrank, die es wirklich kühl brauchen, also Fleisch, Fisch, Milchprodukte sowie Blatt- und Wurzelgemüse und frische Kräuter (außer Basilikum). Zwiebeln, Obst und Zitrusfrüchte gehören nicht dazu. Sie kommen in eine Ablage oder Schale.

Behalten Sie bei Wurst und Fleisch deren Verbrauchsdatum im Auge. Bis zu diesem sollten Sie die Sachen gegessen haben. Im Unterschied dazu tragen Milch und Milchprodukte ein Mindesthaltbarkeitsdatum. Sie sind auch danach genießbar – manchmal noch wochenlang!

Merken Sie, dass Sie etwas nicht rechtzeitig verbrauchen können, kochen Sie auf Vorrat (mehr dazu ab Seite 148). Zum Resteverwerten eignen sich Aufläufe, Eintöpfe und Pizza. Fehlt die Zeit zum Kochen, frieren Sie die Sachen vorübergehend ein.

Klar ist auch: Selbst in perfekt organisierten Haushalten verdirbt mal Essen. Dieses sollte dann nicht in der Toilette oder im Restmüll landen, sondern in der Biotonne. Aus deren Inhalt wird immerhin noch Kompost, Strom oder Biogas gewonnen.

BOOSTER FÜR DIE CO_2-BILANZ

-250 KILOGRAMM CO_2

Durch Lebensmittelverschwendung produziert statistisch gesehen jeder Einwohner Deutschlands im Jahr knapp eine halbe Tonne Treibhausgase – das entspricht etwa 4 Prozent der jährlichen Gesamtemissionen Deutschlands (Quelle: Deutsche Umwelthilfe). Wer es schafft, die Hälfte dieses absolut unnötigen Mülls zu vermeiden, hübscht seine persönliche Bilanz auf – 250 Kilogramm CO_2 weniger.

-6 KILOGRAMM CO_2

Ob Pasta, Pizza oder Schnitzel – lassen Sie sich übrig gebliebenes und noch verzehrbares Essen aus dem Restaurant mit nach Hause geben. Sonst würde es ohnehin weggeworfen – und Sie haben im besten Fall ein weiteres Essen, das Sie, wenn überhaupt, nur aufwärmen müssen. Angenommen, Sie behalten während Ihrer Klima-Challenge zehnmal eine viertel frisch zubereitete Salamipizza übrig (jeweils 100 Gramm) und lassen sich diese einpacken. Lässt man die Pappschachtel einmal außer Acht, würden Sie pro Pizzarest ca. 0,6 Kilogramm CO_2 einsparen, also insgesamt 6 Kilogramm! (Quelle: Öko-Institut)

Don't call it Abfall: Clevere Hacks für Reste

Mit Food Upcycling, der „Aufwertung von Lebensmittelresten", schwappt seit einiger Zeit ein neuer, klimafreundlicher Trend zu uns. Rational betrachtet geht es um Müllvermeidung – doch auf einer Metaebene auch um unser Verhältnis zu (un-)perfektem Aussehen, in diesem Fall zum Aussehen von Lebensmitteln.

Durften Möhren, Gurken und Kartoffeln zu Großmutters Zeiten noch krumm und bucklig sein, wird Unperfektes heute überwiegend als minderwertig angesehen. Obst und Gemüse, das nicht der Norm entspricht, kommt meist gar nicht erst in den Verkauf. Damit nicht genug: Vieles von dem, was wir kaufen, wandert nach einigen Tagen ebenfalls in den Müll. Nicht weil es verdorben wäre – es genügt nicht mehr unseren Ansprüchen an Perfektion.

Von der Schale bis zum Kern

Hier ein angewelkter Salatkopf oder ein halbes altbackenes Brot, dort der Rest gekochte Kartoffeln – das läppert sich auf Dauer. Wer bislang dachte, dass die Verschwender immer die anderen sind, schaut besser noch einmal genauer hin.

„Food Upcycling" geht über Müllvermeidung hinaus und wirbt für vollständige und kreative Verwertung. So ergeben Schalen und Abschnitte von Wurzelgemüse, Zwiebeln und Knoblauch, in Wasser ausgekocht, eine Gemüsebrühe. Mit gehacktem Grün von Karotten, Fenchel, Kohlrabi und Radieschen lassen sich Dips und Pestos zaubern. Um Pestizidreste zu vermeiden, sollte das Gemüse bio sein!

Pfiffige Ideen für Zitrusschalen
Obst- und Gemüseschalen sollte man, wann immer genießbar, einfach mitessen. Das gilt für Äpfel und Birnen genauso wie für Gurken und Möhren. Bei Orangen, Zitronen und Limetten ist eher nicht so der Hammer – dafür eignen sich die abgeriebenen Schalen unbehandelter Früchte perfekt für Saucen und Dips. Außerdem verleihen sie – gestiftelt oder gewürfelt – Süßspeisen sowie Marmeladen, Relishs und Saucen einen säuerlichen Touch.

Und: Zitrusschalen verleihen Trinkwasser Pepp. Wer dafür lieber den Saft von Zitrone oder Limette verwendet, muss die Schale nicht wegwerfen, sondern kann diese im Kühlschrank sammeln und dann jeweils sechs Hälften mit drei Esslöffeln Salz in ein Einmachglas schichten und mit kochendem Wasser bedecken. Nach etwa drei Wochen bei Zimmertemperatur hat man echt marokkanische Salzzitronenschalen, die gewürfelt oder gehackt Bulgur- und Couscousgerichten typisch orientalische Würze verleihen.

Neue Chancen für altes Brot
Wer altbackene Weizenbrötchen in dünne Scheiben schneidet und ein paar Tage an der Luft trocknet, kann daraus Semmelbrösel machen. Weitere Möglichkeiten sind Semmelknödel und Croûtons. Aus altem Brot entstehen Ofenschlupfer, Kirschmichel oder Brotsuppe.

Angesichts ihrer schlechten Klimabilanz sollten insbesondere tierische Produkte – wenn man sie schon gekauft hat – möglichst komplett verbraucht werden. So eignen sich Reste von Frischkäse zum Andicken von Pastasaucen. Milch, Quark

RESTE IM FOKUS

Lebensmittel für die Tonne. Einem Bericht der Stiftung Feedback EU zufolge wurden 2021 in der Europäischen Union mehr Lebensmittel verschwendet als von außerhalb importiert. In Zahlen: 131 Millionen Tonnen eingeführter Erzeugnisse standen 153,5 Millionen Tonnen Abfälle gegenüber.

Sinnlose Emissionen. Dem Bericht zufolge verursachen diese Abfälle mindestens 6 Prozent der CO_2-Emissionen in der EU. Ein UN-Bericht bezifferte den Anteil weggeworfener Lebensmittel an den weltweiten Emissionen: Dieser lag bei über 8 Prozent. Zum Vergleich: Der globale Flugverkehr vor der Corona-Pandemie verursachte „nur" 2 Prozent.

Abfallmenge reduzieren. Die Bundesregierung beschloss 2019 die Nationale Strategie zur Reduzierung der Lebensmittelverschwendung. Sie soll Lebensmittelabfälle in Handel und Privathaushalten bis 2030 halbieren. Privathaushalte verursachen laut Thünen-Institut 52 Prozent der Abfälle.

Ein Drittel ist Abfall. In einem durchschnittlichen Haushalt landet derzeit circa ein Drittel der gekauften Lebensmittel im Müll. Experten gehen davon aus, dass 40 Prozent davon vermeidbar wären – das sind rund 15 Prozent der Gesamtmenge.

Radieschen-Remoulade

0,1 KG CO_2 PRO PORTION

Für 3–4 Portionen

3–4 Radieschen mit Blättern
1 gehäufter EL vegetarische Mayonnaise
100 g Naturjoghurt oder Joghurtalternative
1 EL Süßlupinenmehl
1 TL Senf
1 TL Mandelmus
½ TL Zucker
Salz, Pfeffer

Pro Portion

82 kcal, 5 g F, 3 g KH, 2 g Bst, 3 g E

Zubereitung

Die Radieschen waschen, putzen und fein würfeln. Die Radieschenblätter trocken schütteln und fein hacken.

Mayonnaise mit Joghurt, Lupinenmehl, Senf, Mandelmus und Zucker verrühren, Radieschen und Blätter unterheben. Mit Salz und Pfeffer würzen.

Tipp:

Wer mag, gibt noch fein gehackte Kapern und Gewürzgurken oder Cornichons zur Remoulade.

Wer das Kraut oder die Blätter von Möhren, Kohlrabi oder Radieschen verwendet, sollte erst recht zu Bioware greifen. Werden in den Pflanzen Rückstände von Pflanzenschutzmitteln entdeckt, sind im Blattgrün meist sogar höhere Werte zu finden.

Saison:

Im Winter schmeckt die Remoulade mit Pastinaken oder Möhren. Beide Gemüsesorten können ebenfalls mit ihrem Kraut roh verzehrt werden. Wer kein Möhren- oder Pastinakengrün bekommt, verwendet (selbst gezogene) Kresse oder kleine Sprossen, wie z. B. Alfalfa, für die Remoulade.

Resteverwertung:

Die Remoulade bleibt im Kühlschrank ca. 1 Woche frisch und ist vielseitig verwendbar, z. B. als Grillsauce, als Dip zu frischen Gemüsesticks, zu Bratlingen oder als Brotaufstrich für ein Veggie-Sandwich.

Suppe von geräucherter Forelle

0,2 KG CO_2 PRO PORTION

Für 2 Portionen

1 kleine Zwiebel
1 Knoblauchzehe
1 Möhre
1 EL Rapsöl
Haut, Gräten und Kopf von 1 geräucherten Forelle
3–4 Kräuterstiele nach Wahl (z. B. Dill, Petersilie, Thymian)
1 TL Tomatenmark
1 EL Mehl
600 ml Gemüsebrühe
2 Frühlingszwiebeln
5 EL Sahne oder Sahnealternative
1–2 TL Zitronensaft
einige Tropfen Worcestersauce

Pro Portion

168 kcal, 13 g F, 9 g KH, 1 g Bst, 2 g E

Zubereitung

Zwiebel und Knoblauch schälen und fein hacken. Die Möhre putzen und würfeln. Rapsöl in einem Topf erhitzen und Zwiebel, Knoblauch und Möhre einige Minuten bei mittlerer Hitze anschwitzen. Haut, Gräten und Kopf der Forelle mit den Kräuterstielen zugeben, Tomatenmark und Mehl zufügen und 1–2 Minuten dünsten. Die Brühe zugeben und bei geringer Hitze 20 Minuten zugedeckt köcheln lassen.

Frühlingszwiebeln putzen und in feine Ringe schneiden. Die Suppe durch ein Sieb abgießen, dabei die Rückstände mit einem Kochlöffel leicht ausdrücken. Sahne zur Flüssigkeit geben und verrühren oder mit einem Schneidstab aufschäumen. Mit Zitronensaft und Worcestersauce abschmecken und mit Frühlingszwiebeln bestreut servieren. Wenn von dem eigentlichen Forellenessen noch Fisch übrig ist, kann er natürlich als Einlage für die Suppe verwendet werden.

Tipp:

Wer sämige Suppen mag, kann 1–2 TL Speisestärke mit wenig Wasser anrühren und die Suppe damit binden. Gehaltvoller wird sie mit einer Einlage aus feinen, angedünsteten Gemüsestreifen, dünnen Champignonscheibchen oder Croûtons.

Saison:

Die Suppe ist unabhängig von der Saison.

Resteverwertung:

Die Suppe bleibt im Kühlschrank 2 Tage frisch.

und Joghurt sind perfekt als Zutat für Pfannkuchen, Crepes, Pancakes oder Waffeln. Dabei lässt sich gleich noch der Rest Butter mit in den Teig rühren.

Übrigens sind nicht nur Konserven und trockene Lebensmittel wie Mehl, Zucker, Reis und Nudeln zum Teil weit über das Mindesthaltbarkeitsdatum hinaus genießbar – sondern auch Frischware. Werfen Sie deshalb auch Milchprodukte sowie fertig gekaufte Aufstriche und Salate nicht unbesehen weg, sondern verlassen Sie sich auf Ihre Sinne: Sehen, schmecken und riechen Sie! Ist der Käse tatsächlich angeschimmelt? Schmeckt die Milch sauer? Falls nicht: Verwenden Sie die Sachen!

Auch Knochen und Gräten nutzen

Für Fleisch gilt: wenn schon, dann nicht nur edle Teile wie Schnitzel, Steak und Filet. Denken und handeln Sie nach dem Prinzip „Nose to tail". Es müssen ja nicht gleich Rinderzunge, Kalbsbries oder Hähnchenherzen sein – doch ein Suppenfleisch oder Schmorstück dürfen es schon mal sein! Mehr dazu lesen Sie ab Seite 132.

Bei der Gelegenheit: Wer Hähnchen oder Kaninchen im Ganzen kauft, zerlegt und aus den Teilen ein Ragout oder Ähnliches zubereitet, wirft die Karkasse – also das Knochengerüst – nicht weg, sondern kocht daraus einen Fond oder eine Suppe.

Nach demselben Prinzip lassen sich Mittelgräte, Kopf und Haut von Fischen verwerten – sogar von geräucherten (siehe Rezept links). Auch Reste von Fleisch oder Fisch bitte nicht wegwerfen. Sie lassen sich als Einlage für Suppen oder fein zerkleinert als Basis für Frikadellen oder Klößchen verwenden.

KLIMA-LABEL IM FOKUS

Inflationäre Klimaversprechen. Immer mehr Lebensmittel tragen Label mit Versprechen wie „klimaneutral", „klimapositiv" oder „CO_2-neutral". Die Verbraucherzentrale Hamburg unterzog 2021 elf dieser Produkte einem Marktcheck. Ergebnis: Manche können helfen, klimafreundlicher zu essen, viele nicht. Kritisch zu bewerten sind Klimalabel auf tierischen Produkten, wenn der Hersteller die Emissionen nur kompensiert, indem er Geld in Klimaprojekte investiert.

„Greenwashing" verbreitet. Einige Produkte im Marktcheck bestanden ausschließlich aus konventionell hergestellten Rohstoffen. Dennoch kamen sie „öko-mäßig" daher, so die Verbraucherschützer. Aufpassen: Klimasiegel und Öko-Look lassen Produkte nachhaltiger wirken, als sie in Wahrheit sind.

Klimaschutz statt Freikaufen. Die meisten Unternehmen gleichen Treibhausgase durch Kompensationsprojekte aus, mit denen der Waldschutz oder erneuerbare Energien in Entwicklungsländern gefördert werden. Sinnvoll und besser zu überprüfen wären Projekte in Deutschland oder Europa – vor allem aber eine echte Reduktion des CO_2-Ausstoßes! Bezeichnend: Ein konkreter CO_2-Wert ließ sich nur in zwei Fällen auf der Verpackung ablesen.

Fazit: Statt den Klimaversprechen auf Lebensmittelverpackungen zu viel Glauben zu schenken, beherzigen Sie am besten die Tipps in diesem Buch. Dagegen können Sie den auf Seite 46/47 genannten Bio- und Sozialsiegeln vertrauen – diese signalisieren ökologisch produzierte und fair gehandelte Ware.

Entspricht circa 3 Coffee to go inklusive Becher und Deckel.

CO_2-EINSPARUNG PRO PORTION

-0,7 kg

im Vergleich zu Semmelknödeln klassisch (→ S. 172)

Semmelknödel mit Rahm-Lauch

0,3 KG CO_2 PRO PORTION

Zubereitung

Brötchen würfeln und in eine Schüssel geben. Lupinenmehl, Salz, Pfeffer und Muskatnuss untermischen. Haferdrink und Öl über die Semmelwürfel gießen und 10 Minuten durchziehen lassen.

Schnittlauch abbrausen, trocken schütteln und in Röllchen schneiden. Zwei Drittel unter die durchgezogenen Semmelwürfel mischen, mit den Händen einmal gut durchkneten und sechs gleich große Semmelknödel formen. Noch einmal 10 Minuten ruhen lassen.

400 ml Wasser im Wasserkocher erhitzen und mit etwas Salz in einen Topf mit Dämpfeinsatz geben. Wer keinen Topf mit Dämpfeinsatz hat, hängt ein Edelstahlsieb über das kochende Wasser. Knödel in den Dämpfeinsatz legen und im Wasserdampf 20 Minuten dämpfen.

In der Zwischenzeit den Lauch längs halbieren, waschen und in Halbringe schneiden. In den letzten 5 Minuten in das Kochwasser im Dampftopf geben.

Die Semmelknödel im Dämpfeinsatz mit Deckel beiseitestellen. Das Kochwasser abgießen und auffangen. Mandelmus im Kochtopf mit so viel Kochwasser verrühren, dass eine cremige Sauce entsteht. Einmal aufkochen, mit Salz, Pfeffer und Muskatnuss würzen und den Lauch unterheben. Lauchgemüse mit den Knödeln servieren und mit dem restlichen Schnittlauch bestreuen.

Für 2 Portionen

3 altbackene Brötchen
2 EL Süßlupinenmehl
Salz, Pfeffer
frisch geriebene Muskatnuss
150 ml Haferdrink ohne Zucker
2 EL Rapsöl
1 Bund Schnittlauch
1 Lauchstange
2 EL Mandelmus

Pro Portion

557 kcal, 28 g F, 50 g KH, 11 g Bst, 18 g E

Resteverwertung:

Semmelknödel kann man sehr gut einfrieren. Auch im Kühlschrank bleiben sie ein paar Tage gut. Besonders köstlich: halbieren und in einer beschichteten Pfanne in wenig Öl aufbraten.

Je öfter, desto öko – so sieht die ideale Tüte aus

Biobasierte Plastiktüte

Mehrwegtüte aus recyceltem Kunststoff

Stoffbeutel aus Baumwolle

Plastik, Papier oder Baumwolle – welche Tüte überzeugt in Sachen Klimaschutz? Die für Biomüll angepriesene „biologisch abbaubare“ Plastiktüte schon mal nicht. Sie ist weder kompostier- noch vollständig abbaubar. Die gute, alte Plastiktüte wird oft nur kurz genutzt und landet dann im Müll. Die vermeintlich ökologischere Papiertüte reißt meist schon beim ersten Einkauf. Am besten ist die Bilanz von Baumwollbeuteln und Mehrwegtüten aus Recycling-Kunststoff, die möglichst lange genutzt werden.

BOOSTER FÜR DIE CO_2-BILANZ

-30

KILOGRAMM CO_2

In mehrfacher Hinsicht klimaschädlich wird es, wenn man sich Essen nach Hause liefern lässt: Styroporbehälter, Alufolie, Plastiktüten wohin man schaut. Hinzu kommen die Emissionen, die das Auto oder Moped des Lieferanten verursacht. Für fünf Kilometer Hin- und Rückfahrt bläst ein Auto mit Verbrennungsmotor etwa 1,5 Kilogramm CO_2 in die Luft (Quelle: ifeu). Macht bei 20-mal Pizza Margarita, Szechuan-Ente oder Chicken Tikka im Jahr 30 Kilogramm – Verpackungsmüll nicht mitgerechnet. Tipp: Raus aus der Corona-Lethargie und kulinarische Spezialitäten im Restaurant genießen. Auf dem Hin- und Heimweg trainieren wir uns einen Teil der Kalorien wieder ab, weil wir laufen oder Rad fahren!

-59

KILOGRAMM CO_2

Keine Angst vor Tofu! Ob naturbelassen oder geräuchert, ob gebraten, frittiert oder im Ofen gebacken – Tofu passt sowohl in die asiatische Küche als auch in indische und sogar in italienische Gerichte. Der Klimaeffekt ist beträchtlich: Wer übers Jahr verteilt zum Beispiel zehnmal Spaghetti Bolognese mit jeweils 500 Gramm gebratenem Tofu statt derselben Menge Rinderhack und zehnmal asiatisches Wok-Gemüse mit 500 Gramm Tofu statt Schweinefilet kocht, spart nur dank des Tofus rund 60 Kilogramm CO_2.

Variieren statt kopieren: Kreativ exotisch kochen

Ob Poke-Bowl oder Thai-Curry, ob frittierte Kochbananen oder Tandoori Chicken – viele Hobbyköche tauchen mit Vorliebe in exotische Küchen ein. Kein Wunder: Nicht nur in der Großstadt können wir alles auftreiben, was an Zutaten gefragt ist. Basisprodukte wie Fischsauce, Chilipaste und Currypulver führt fast jeder Supermarkt, ausgefallenere Ingredienzen finden sich in Spezialläden – und wer das Gesuchte auch dort nicht findet, bestellt es online.

Doch wie steht es um den CO_2-Fußabdruck – speziell den von importierter Ware? Ehrlich: Oft nicht gut. Ist es bei Reis der Nassanbau, der massenhaft Methan verursacht, gelangen exotische Früchte wie Ananas, Mangos und Papayas oft mit dem Flugzeug nach Europa – Emissionen inklusive. Auch bei Kokosprodukten schlagen die langen Transportwege zu Buche. Dennoch hat zum Beispiel ein Kilogramm Kokosmilch mit 0,5 Kilo CO_2 eine deutlich bessere Bilanz als Sahne (4,2 Kilogramm). Mit 1,3 bis 2,6 Kilogramm CO_2 liegt Sojasauce, ein absolutes Basisprodukt der asiatischen Küche, im mittleren Bereich.

Produkte mit großem CO_2-Fußabdruck zu vermeiden oder kreativ zu ersetzen – eine Extra-Challenge für Klimabewusste mit Faible für exotisches Essen. Was es braucht, ist nicht handwerkliches Können am Herd, sondern Flexibilität im Kopf. Die Frage lautet nicht: Wie kopiere ich Farbe, Konsistenz und Geschmack des Originals? Sie lautet: Gelingt es mir, eine klimafreundliche Variante zu kreieren, die genauso fantastisch schmeckt?

Der Fantasie sind dabei praktisch keine Grenzen gesetzt: Sushiröllchen aus Hirse, Papaya-Salat aus Kohlrabi, Ceviche aus Pilzen – alles möglich, so lange der Charakter des Gerichts erkennbar bleibt.

Unverzichtbar sind deshalb Zutaten, die für typischen Geschmack sorgen, seien es Fischsauce für die Asia-Küche, Kreuzkümmel und Kurkuma für orientalische Gerichte oder Bockshornklee und Kardamom für indische Momente. Besonders einfach ist das exotische Würzen, wenn man auf fertige Mischungen wie Garam Masala, Ras el Hanout oder Fünf-Gewürze-Pulver setzt.

Superfoods aus der Region

Alles andere als unverzichtbar sind dagegen Lebensmittel aus anderen Weltgegenden, die uns aufgrund ihrer Inhaltsstoffe als „Superfoods" angepriesen werden. Leider ist die Klimabilanz von Chiasamen, Gojibeeren & Co. gar nicht super.

Macht nix, denn es gibt Alternativen: Statt Chia- tun es auch Leinsamen. Diese enthalten sogar mehr Proteine und Omega-3-Fettsäuren! Zwar ist es laut Verbraucherzentrale Bremen nicht einfach, deren Herkunft festzustellen. Doch wer Bio-Ware kauft, sieht auf der Verpackung zumindest, ob sie aus der EU stammt. Als Ersatz für Gojibeeren eignen sich schwarze Johannis- und Sanddornbeeren. Sind sie frisch, ist ihr Vitamin-C-Gehalt am höchsten.

Nicht ersetzen lässt sich die allseits beliebte Avocado. Zwar enthalten auch Walnüsse mehrfach ungesättigte Fettsäuren – lassen sich aber dummerweise nicht aufs Brot streichen. Vorschlag: Gönnen Sie sich die fettreichen Früchte nur ab und zu, etwa als Highlight in Dressings und Dips.

BOOSTER FÜR DIE CO_2-BILANZ

-1000 KILOGRAMM CO_2

Nicht nur Flugreisen und Energieverbrauch – auch der CO_2-Ausstoß durch die eigene Ernährung lässt sich mit Zahlungen an Klimaschutz- und Umweltprojekte kompensieren. Faustregel: Je nach Anbieter lassen sich 1 000 Kilogramm CO_2-Emission mit 20 bis 25 Euro „aufwiegen". Anbieter wie Atmosfair und Myclimate nehmen Geld zweckgebunden für ihre Projekte, aber auch freie Spenden entgegen. Nur letztere sparen tatsächlich CO_2 ein – das klassische Kompensieren ist letztlich ein Nullsummenspiel. In beiden Fällen gilt: Der Anbieter sollte darlegen können, dass er die versprochene Einsparung mit dem Geld tatsächlich realisieren kann. Schließlich können Kompensationszahlungen eigene Anstrengungen wie weniger fliegen und weniger Fleisch essen nicht ersetzen.

-236 KILOGRAMM CO_2

Im Berufsverkehr ist der Anteil alleinfahrender Personen am höchsten! Deshalb lohnt es sich nicht nur finanziell, eine Fahrgemeinschaft mit Kollegen zu bilden. Bei einem Arbeitsweg von zehn Kilometern verursacht ein Auto pro Jahr im Schnitt 472 Kilogramm CO_2 (Annahmen: Stadtverkehr, 252 Arbeitstage, 7,8 Liter Benzin auf 100 Kilometer). Mit einem Mitfahrer lässt sich dieselbe Menge Kohlendioxid einsparen – und die Hälfte dem persönlichen Klima-Konto gutschreiben! (Quelle: Pendos CO_2-Zähler)

Winter-Veggie-Wok

0,3 KG CO_2 PRO PORTION

Für 2 Portionen

250 g Rotkohl
250 g Rosenkohl
250 g Pastinaken
2 Knoblauchzehen
½–1 kleine rote Chilischote
4 EL Mirin (ersatzweise Sherry)
3 EL No Fish-Sauce
2 EL Sojasauce
2 TL geröstetes Sesamöl
2 TL Zucker
1 TL Speisestärke
2 EL Reis- oder Apfelessig
2 EL Rapsöl
100 g Mungobohnensprossen
4 Stiele Koriander oder Petersilie oder 1–2 Frühlingszwiebeln
30 g geröstete Erdnüsse

Pro Portion

437 kcal, 22 g F, 36 g KH, 11 g Bst, 15 g E

Zubereitung

Rotkohl und Rosenkohl putzen. Den Rotkohl vom Strunk befreien und in feine Streifen schneiden, Rosenkohl vierteln. Pastinaken putzen und in feine Scheiben schneiden. Knoblauch schälen und fein würfeln. Chilischote putzen und fein hacken. Knoblauch und Chili mit Mirin, No Fish-Sauce, Sojasauce, Sesamöl, 3 EL Wasser, Zucker, Stärke und Essig verrühren.

Das Öl in einem Wok erhitzen und das Gemüse darin 5–10 Minuten knackig garen. Die Sauce zugeben und einige Minuten einkochen lassen.

Inzwischen die Sprossen abwaschen und abtropfen lassen. Koriander abbrausen, trocken schütteln und Blättchen abzupfen. Sprossen kurz im Wok erhitzen, Gemüse nach Bedarf abschmecken und mit Koriander und Erdnüssen bestreut servieren.

Saison:

Wenn das Gemüse in feine Streifen oder Stücke geschnitten wird, eignen sich alle Sorten.

Resteverwertung:

Dieses Rezept ist ideal, um Reste zu verwerten. Wer viel Gemüse isst, hat häufig z. B. eine Handvoll Blumenkohlröschen, eine halbe Zucchini und zwei, drei Möhren übrig. Einmal pro Woche eine köstliche Gemüsepfanne macht die Gemüseschublade im Kühlschrank wieder leer.

CO_2-EINSPARUNG PRO PORTION

-3,2 kg

im Vergleich zu Schweinefleisch süß-sauer aus dem Wok (→ S. 173)

Entspricht etwa einem Jahr Google-Nutzung bei zehn Anfragen pro Tag.
CO_2-EINSPARUNG PRO PORTION
-4,6 kg
im Vergleich zu Ossobuco alla milanese
(→ S. 173)

Saftiges Ossobuco

3,1 KG CO_2 PRO PORTION

Zubereitung

Möhren und Petersilienwurzel putzen und würfeln. Sellerie putzen, von den harten Fasern befreien und in Stücke schneiden. Sellerieblätter waschen, trocken schütteln und beiseitelegen. Lauch längs halbieren, waschen und in Halbringe schneiden. Zwiebeln und Knoblauch schälen und würfeln.

Das Mehl auf einen Teller geben. Fleischscheiben mit Salz und Pfeffer würzen und im Mehl wenden. Überschüssiges Mehl abschütteln und Mehl beiseitestellen.

Öl in einem Bräter erhitzen und das Fleisch von beiden Seiten in ca. 5 Minuten anbraten. Herausnehmen und das Gemüse im Bratfett 10 Minuten bei mittlerer Hitze anrösten. Tomatenmark zugeben und 1 Minute anrösten. Mit Wein ablöschen und fast verkochen lassen.

Tomaten, Brühe und Lorbeerblätter zufügen, das Mehl vom Teller zugeben und alles einmal gut verrühren. Das Fleisch zufügen und zugedeckt im Ofen bei 180 °C (Umluft 160 °C) 1½ Stunden garen. Ein Vorheizen des Ofens ist nicht nötig.

Kurz vor Ende der Garzeit die Sellerieblätter hacken. Zitronenabrieb mit den Blättern mischen. Für eine leichte Bindung die Fleischscheiben im Bräter an die Seite schieben und mit einem Schneidstab kurz einen Teil des Gemüses pürieren, mit Salz, Pfeffer und Zucker abschmecken.

Fleisch mit Gemüse servieren, die Zitronen-Sellerie-Gremolata bei Tisch darüberstreuen. Dazu passen Bandnudeln, Polenta oder knuspriges Bauernbrot.

Für 4 Portionen

500 g Möhren
1 Petersilienwurzel
400 g Staudensellerie mit Grün
1 kleine Lauchstange
2 Zwiebeln
4 Knoblauchzehen
1 gehäufter EL Mehl
750 g Kalbshaxenscheiben
Salz, Pfeffer
3 EL Rapsöl
2 EL Tomatenmark
200 ml kräftiger Rotwein
1 Dose Tomaten (400 g)
400 ml Gemüse- oder Fleischbrühe
2 Lorbeerblätter
Abrieb von 1 Bio-Zitrone
Zucker

Pro Portion

374 kcal, 15 g F, 21 g KH, 8 g Bst, 31 g E

Saison:

Außerhalb der Saison für Staudensellerie Knollensellerie und als Tischgewürz Petersilie verwenden.

SCHLACHTABFÄLLE IM FOKUS

Umsonst geschlachtet. Laut Fleischatlas der Heinrich-Böll-Stiftung starben 2021 allein in Deutschland fast 100 Millionen Tiere, ohne dass ihr Fleisch verzehrt wurde – darunter Tiere, die während der Mast verendeten oder getötet wurden, weil sich ihre Mast nicht lohnte.

Nur ein Drittel nachgefragt. Je nach Tierart eignen sich zwischen 40 und 60 Prozent des Schlachtgewichts für den Verzehr. Gefragt sind vor allem edle Teile, die jedoch nur ein Drittel der verwerteten Schlachtmenge ausmachen. Zum Vergleich: Während 2019 in Deutschland 7 Prozent weniger Fleisch gegessen wurde als 1990, sank der Pro-Kopf-Verzehr von Innereien von 1,4 auf 0,16 Kilogramm – also um fast 90 Prozent!

Gigantische Verluste. Was sich nicht für den Verzehr eignet, wird laut Fleischatlas zu Fisch- und Haustierfutter verarbeitet oder in der Düngemittelindustrie verwertet. Hinzu kommen Verluste durch Wegwerfen. Die Menge an Fleisch und Wurst, die in Deutschlands Privathaushalten pro Jahr im Müll landet, entspricht 8,9 Millionen Hühnern, 640 000 Schweinen, 450 000 Puten und 50 000 Rindern.

Fleisch bewusster konsumieren. Würde nicht nur insgesamt weniger Fleisch, sondern würden auch wieder mehr unedlere Teile auf unseren Tellern landen, käme das auch dem Klima zugute. Dann müssten weniger Tiere gemästet und geschlachtet werden, was eine Reduktion von Treibhausgasen zur Folge hätte.

Rippe, Leber, Zunge – ein Fest für Entdecker

Na gut, Sie essen gern Fleisch. Trotzdem wollen Sie etwas für den Klimaschutz tun. Geht das zusammen? Vielleicht ein Stück weit. Beginnen wir am besten damit, dass wir Fleisch wieder als das betrachten, was es ist: Teil eines Tieres, das einmal gelebt hat und für uns geschlachtet wurde.

Wer diesen Gedanken gruselig findet, sollte vielleicht besser kein Fleisch essen. Was dieser Gedanke jedoch auch kann – und sogar sollte: uns davon abhalten, gedankenlos zu konsumieren. Interessieren wir uns stattdessen dafür, wie Tiere gelebt haben, kaufen wir ihr Fleisch ganz bewusst und nutzen wir seine Vielfalt.

Mehr als Rücken, Keule und Lende

Einfach ist das nicht, haben wir doch unsere Vorlieben längst dem Angebot angepasst. Oder war es umgekehrt? Egal: Unser Fleisch hat mager zu sein, keine Knochen zu haben und aus Keule, Rücken oder Lende zu stammen. Es soll sich im Nu braten oder grillen lassen, nicht nach Tier aussehen und – wie Hähnchenbrustfilet – auch möglichst wenig danach schmecken.

Ob man das widersinnig findet, bleibt jedem überlassen. Fakt ist, dass der größere Teil geschlachteter Tiere übrig bleibt, weil wir ihn schlicht nicht mögen. Einiges davon wird verwurstet, anderes exportiert. Innereien – laut Naturschutzbund rund 20 Prozent der Schlachtprodukte – werden zu Hundefutter oder landen im Abfall.

Anders gesagt: Unsere Art, Fleisch zu konsumieren, hat eine gigantische Verschwendung zur Folge. Diese wiederum führt zu massiven Problemen für Umwelt und Klima. Mehr Tiere als nötig müssen gehalten und geschlachtet werden, um den Bedarf zu decken – „Nebenprodukte" wie Gülle und Emissionen inklusive.

Von der Nase bis zum Schwanz

Dieser Verschwendung treten Vertreter der „Nose-to-tail"-Bewegung – vor allem Metzger und Köche – entgegen, indem sie ganze Tiere verwerten – von der Nase bis zum Schwanz. Dies sei eine Frage des Respekts und verschaffe Menschen kulinarische Erlebnisse abseits ausgetretener Pfade.

Alltagsköche können das auch. So lassen sich aus Rinderzunge, Schweineleber oder Hähnchenherzen herrliche Gerichte zaubern. Warum nicht auch Saumagen, Nierchen und saure Lunge probieren?

Wer Innereien nicht mag, verwendet stattdessen seltener genutzte Fleischteile. So lässt sich aus Stücken vom Ochsenschwanz, Markknochen und etwas Suppenfleisch eine hervorragende Rinderbrühe kochen. Scheiben von der Kalbshaxe sind wichtiger Bestandteil eines Ossobuco (siehe Rezept Seite 131). Aus Schweinebauch lässt sich im Backofen ein Krustenbraten herstellen und Hähnchenflügel verwandeln sich darin zu krossen „Wings".

Zartes Fleisch, spektakuläre Sauce

Klar: Das Zubereiten „unedler" Teile erfordert mehr Zeit und Energie. Dafür lassen sich alte Garmethoden wiederentdecken. So müssen Stücke mit viel Bindegewebe – zum Beispiel Ochsenbäckchen und Rinderbug – mehrere Stunden schmoren. Doch wer sich diese Zeit nimmt, belohnt sich mit zartem Fleisch und spektakulären Saucen!

SO GEHT'S BESSER

Cooles Konzept. „Crowdbutching" funktioniert analog zum Geldsammeln per Crowdfunding. Das Prinzip (von engl. „crowd" = Masse und „butching" = Schlachtung): Ein Anbieter bietet in Zusammenarbeit mit einem Bauernhof über seine Website Rinder, Schweine, Hühner und Lämmer sowie saisonal oft auch Gänse, Enten und Wild zum Kauf an. Die User der Website können Anteile an einem Tier erwerben. Dieses wird erst dann geschlachtet, wenn alle Teile verkauft sind.

Weniger Abfälle. Indem möglichst alle Teile – auch seltener genutzte wie Suppenfleisch und Schmorstücke – unter den Bestellern aufgeteilt werden, lassen sich Schlachtabfälle reduzieren. Häufig gibt es Fleischpakete, die die Kundschaft nach ihren Vorlieben variieren kann. Auch Hackfleisch und Bratwurst gehören oft zu den Paketen – bei einigen Anbietern auch Innereien.

Bequeme Lieferung. Jeder Käufer bekommt das bestellte Paket (in der Regel drei bis acht Kilogramm Fleisch) nach der jeweiligen Reifungszeit gekühlt und portionsweise vakuumiert geliefert. Je nach Bedarf lässt es sich dann einfrieren oder in den Folgetagen verbrauchen.

Plus fürs Tierwohl. Viele Betriebe arbeiten nach Bio-Richtlinien und ziehen Tiere mindestens artgerecht auf. Landwirte können sich so einen Kundenstamm erschließen und behalten durch die Direktvermarktung mehr Gewinn übrig.

BOOSTER FÜR DIE CO_2-BILANZ

-87

KILOGRAMM CO_2

Wer größere Fleischmengen per Crowdbutching, beim Bauern oder Jäger kauft und zu Hause einfriert, sollte eine passende Gefriertruhe besitzen. Steht dort jedoch ein über 20 Jahre alter „Methusalem", liegen Stromverbrauch und -kosten deutlich über denen aktueller Geräte. Durch den geringeren Stromverbrauch verursachen diese deutlich weniger CO_2-Emissionen. So spart eine Gefriertruhe der Energieeffizienzklasse D im Vergleich zu einem Modell der Klasse F über eine Lebensdauer von 15 Jahren im Schnitt 1 995 Kilowattstunden. Das entspricht rund 1 100 Kilogramm CO_2 – oder 73 Kilogramm pro Jahr! (Quelle: coolblue.de)

Ein Tier kaufen – zwei Gerichte zubereiten

Rohes Geflügel fachmännisch zu zerlegen ist nicht jedermanns Sache – zum Glück lässt sich das oft auch in gegartem Zustand erledigen. Das weiß jeder, der zu Weihnachten schon einmal einen Gänsebraten tranchiert hat.

Für unsere Zwecke sind ein paar Skills im Zerlegen von Federvieh durchaus nützlich, denn wir wollen CO_2 sparen, indem wir Fleisch, Knochengerüst und eventuell auch Innereien des Tiers, in unserem Beispiel die eines Bio-Hähnchens, für mehrere Gerichte nutzen: Die beiden Keulen verwenden wir samt Hühnerbrühe für ein Frikassee, das Brustfilet für eine Asia-Bowl (Rezepte ab Seite 138).

Auf diese Weise lässt sich die Fleischmenge – und damit auch die CO_2-Emission – pro Portion deutlich reduzieren. Wer Gerichte grundsätzlich mit etwas weniger Fleisch kalkuliert, vermeidet außerdem, dass es am Ende übrig bleibt und im Abfall landet. Faustregel: Eine Keule bzw. ein Brustfilet pro Portion genügen.

Brust und Keulen getrennt

Was mit einem Hähnchen oder einem Kapaun funktioniert, lässt sich auch mit anderen kleineren Tieren bewerkstelligen, zum Beispiel Ente und Pute sowie Wildhase und Kaninchen.

So können Sie die Keulen oder den Rücken des Hasen jeweils am Stück braten, während Sie das Fleisch von Läufen, Brust und Hals zusammen mit Herz und Leber würfeln und zu Hasenpfeffer – einem würzigen Ragout – verarbeiten. Bei einer Ente

Einfaches Hühnerfrikassee

2,0 KG CO_2 PRO PORTION

Zubereitung

Die Zwiebel schälen und halbieren. Lorbeerblatt, Nelke, Wacholderbeeren, Salz und Pfefferkörner mit Zwiebel und Hähnchen in einen Topf geben und mit Wasser bedecken. Alles aufkochen und ca. 40 Minuten bei geringer Hitze köcheln lassen.

Möhren putzen und in Stifte schneiden. Pilze putzen, mit einem Geschirrtuch abreiben und je nach Größe halbieren oder vierteln. Zuckerschoten putzen.

Das Fleisch aus der Brühe nehmen und etwas abkühlen lassen. Von Haut und Knochen befreien und in mundgerechte Stücke schneiden. Das Fleisch der Keulen für dieses Rezept verwenden. Die Brühe durchsieben.

Kichererbsen wie Reis in Salzwasser oder in durchgesiebter Hühnerbrühe nach Packungsanweisung garen.

300 ml der durchgesiebten Brühe erhitzen und zuerst die Möhren zugeben. Nach 8 Minuten die Champignons und nach weiteren 3 Minuten die Zuckerschoten zufügen. Alles zusammen weitere 2 Minuten garen.

Mehl mit 100 ml kalter Brühe in ein Schraubglas geben und schütteln. Mehlmischung und Milch unter das Gemüse rühren, Fleisch zugeben und einmal aufkochen. Bei geringer Hitze 5 Minuten köcheln. Mit Zitronensaft, Salz, Pfeffer und Muskatnuss abschmecken und mit Kresse bestreut zum Kichererbsen-Reis servieren.

Für 2 Portionen

1 Zwiebel
1 Lorbeerblatt
1 Nelke
3 Wacholderbeeren
Salz
1 TL Pfefferkörner
1 Bio-Hähnchen (ca. 1,3 kg)
je 150 g Möhren, Champignons und Zuckerschoten
140 g Kichererbsen wie Reis
30 g Mehl
250 ml Milch oder veganer Ersatz
1 EL Zitronensaft
Pfeffer
frisch geriebene Muskatnuss
1–2 Schalen Kresse (eventuell eine grüne und eine violette)

Pro Portion

572 kcal, 14 g F, 49 g KH, 11 g Bst, 54 g E

Resteverwertung:

Ein Brustfilet für das folgende Rezept verwenden. Fleisch und übrig gebliebene Brühe portionsweise einfrieren oder Brühe noch einmal aufkochen und in Schraubgläser füllen. Nach dem Abkühlen im Kühlschrank aufbewahren und innerhalb von zwei Wochen verbrauchen.

Klimafolgen: Das müssten unsere Lebensmittel kosten

Die Produktion unserer Lebensmittel verursacht CO_2-Emissionen – und damit Klimakosten. Deren Höhe spiegelt sich jedoch nicht im Kaufpreis wider. Wäre das so, müssten laut einer Studie der Universität Augsburg vor allem konventionell hergestellte tierische Produkte deutlich teurer sein – und das trotz des Preisanstiegs seit Anfang 2022. Beispiel: Der „Klimapreis" für 200 Gramm gemischtes Hackfleisch läge dann bei 4,30 Euro statt aktuell 1,75 Euro (Durchschnittspreise, Stand: 15.8.2022).

Hähnchen-Tofu-Bowl Asia-Style

1,0 KG CO_2 PRO PORTION

Für 2 Portionen

1 gegartes Bio-Hähnchen-brustfilet (ca. 140 g)
200 g Nusstofu
5 EL Teriyaki-Sauce
100 g Mungobohnensprossen
2 EL Reisessig
1 EL Sesamöl
3 TL Zucker
½–1 TL Sriracha (ersatzweise andere Chilisauce)
350 g Blumenkohl
1 EL Rapsöl
1 Paprikaschote
2–3 Radieschen
4–5 Stiele Koriander oder Kräuter nach Wahl
1 EL Erdnussmus
Salz
20 g geröstete Erdnüsse

Pro Portion

622 kcal, 32 g F, 27 g KH, 11 g Bst, 46 g E

Zubereitung

Hähnchenfleisch in Streifen schneiden, Tofu würfeln und beides mit je 2 EL Teriyaki-Sauce marinieren. Sprossen abwaschen und abtropfen lassen. Aus Reisessig, Sesamöl, Zucker und Sriracha eine Marinade rühren, ca. ein Drittel davon mit den Sprossen vermengen.

Den Blumenkohl putzen und die Röschen fein hacken oder in der Küchenmaschine auf Reiskorngröße zerkleinern. Das Rapsöl in einer beschichteten Pfanne erhitzen und den Blumenkohl darin 5–7 Minuten braten, ab und zu umrühren oder durchschwenken. Die restliche Sriracha-Marinade unterheben und die Pfanne beiseitestellen.

Paprika und Radieschen putzen und waschen. Paprika in Streifen, Radieschen in Scheiben schneiden. Koriander abbrausen, trocken schütteln, die Blättchen abzupfen und eventuell grob hacken. Erdnussmus mit der restlichen Teriyaki-Sauce, 1–2 EL Wasser und wenig Salz verrühren.

Den Blumenkohl-Reis mit Salz abschmecken und in zwei Schüsseln geben. Fleisch, Tofu, Sprossen und Gemüse darauf anrichten, Sauce über Fleisch und Tofu träufeln und alles mit Koriander und Erdnüssen bestreut servieren.

Resteverwertung:

Die Bowl ist selbst ideal, um Reste zu verwerten. Als Basis eignen sich neben dem beschriebenen Blumenkohl-Reis auch Nudel-, Bulgur- oder ähnliche Reste. Das Topping ist ebenso variabel: alle gekochten oder gebratenen Gemüsesorten, Salate und Rohkost. Auch Reste von vorhergehenden Mahlzeiten bieten Abwechslung. Für Sättigung sorgen z. B. Kichererbsen, Linsen, Tofu, Tempeh oder Seitan. Pikante Saucen nach Wahl – z. B. auch Baba Ghanoush (Rezept S. 147) –, Kräuter und Nüsse oder Samen komplettieren die vollwertige und köstliche Mahlzeit.

CO_2-EINSPARUNG PRO PORTION

–0,5 kg

im Vergleich zu Bowl mit Hähnchen und Reis (→ S. 173)

ist es wie beim Hähnchen ratsam, Brust und Keulen getrennt zu verwenden – allein schon wegen der unterschiedlichen Garzeiten. Allerdings ist es in aller Regel sinnvoll, das rohe Tier zu zerlegen – oder in der Metzgerei zerlegen zu lassen.

Wer einen größeren Fisch kauft und diesen vom Händler filettieren lässt, sollte sich Kopf und Karkasse – also das Grätengerüst – mitgeben lassen. Beide werden mit kaltem Wasser gründlich abgespült und anschließend mit Möhren, Sellerie und Lauch sowie ein paar Gewürzen zu einem schmackhaften Fischfond aufgekocht.

Dieser wiederum kann als Basis für folgende einfache Fischsuppe dienen: Für die Einlage schneidet man Kartoffeln und Wurzelgemüse in Würfel beziehungsweise Stifte und kocht diese im Fonds weich. Je nach Fischgröße behält man ein halbes oder auch ganzes Filet übrig, schneidet es in Stücke und lässt diese zum Schluss ein paar Minuten in der fertigen Suppe auf dem ausgeschalteten Herd garziehen. Mit Salz und Pfeffer abschmecken, etwas gehackten Dill darüberstreuen – fertig.

Tiere kaufen mit der Crowd

Da kaum jemand ausreichend Platz hat, um ganze Schweine oder Rinder aufzubewahren, lässt sich das Prinzip „Ein Tier – mehrere Gerichte" bei größeren Tieren nur eingeschränkt anwenden. Eine gute Alternative ist der Kauf von „vorkonfigurierten" Fleischpaketen mit verschiedenen Teilen, wie sie beim „Crowdbutching" (mehr dazu auf Seite 134) angeboten werden. Je nach Verbrauch und Größe der Gefriertruhe lassen sich auf diese Weise etwa ein Viertel Schwein oder ein Achtel Rind direkt vom Erzeuger beziehen.

Eine andere Möglichkeit besteht darin, beim Landwirt seines Vertrauens ab und zu in Eigenregie größere Teile zu kaufen und sich diese nach Bedarf zumindest grob zerlegen und vakuumieren zu lassen. Für Einsteiger gilt: Sollten Sie keine Werbung von geeigneten Betrieben sehen – es lohnt sich, direkt auf Höfen in der eigenen Umgebung nachzufragen.

GEKÜHLTER FLEISCHVERSAND

Für den gekühlten Versand von Fleisch sind isolierte Transportboxen und Kühlakkus notwendig. Inzwischen gibt es umweltfreundliche Alternativen zu nicht recycelbaren Styroporboxen. So lassen sich Kartons mit Isolierfolie kombinieren. Manche Anbieter arbeiten mit kompostierbarem Isolationsmaterial aus Hanf oder Stroh. Andere bieten ihrer Kundschaft an, Verpackungen zurückzunehmen und wiederzuverwenden. Gleiches gilt für Kühl-Gelkissen. So versuchen etliche Anbieter, Verpackungsmüll zu begrenzen, indem sie ihre vakuumierten Pakete raumsparend in Recycling-Kartons mit Hanfisolierung versenden. Die Kühlelemente lassen sich weiterverwenden, die Hanfisolierung kompostieren oder im Bio-Müll entsorgen.

LEVEL 5

Energiesparend und schonend zubereiten

Essen kochen, Kuchen backen, Smoothies mixen – das erledigen elektrische Küchengeräte heute fast im Alleingang. Bei deren Bedienung verpulvern wir jedoch haufenweise Energie. Mit der CO_2-Challenge bremsen Sie ab sofort Ihren Stromzähler aus. So schonen Sie Ihren Geldbeutel und verkleinern Ihren Klima-Fußabdruck.

Nicht zu heiß, nicht zu lange, nicht zu oft

Die Küche – ein Ort krasser Temperaturunterschiede. Können im Backofen schon mal 250 Grad herrschen, geht es im Kühlschrank bei 6 bis 8 Grad und erst recht im Gefriergerät bei -18 Grad eher kühl zu. Strom macht's möglich. Er bringt auch Pürierstab und Entsafter auf Touren, lässt Toaster und Tischgrill glühen und heizt Kaffeemaschine und Wasserkocher ein.

Laut Statistik gehen in einem Drei-Personenhaushalt mehr als 11 Prozent der verbrauchten Energie auf das Konto von Kochen und Backen – plus 17 Prozent für Kühlen und Gefrieren und 7 Prozent fürs Geschirrspülen. Im Durchschnitt, wohlgemerkt. Wer kaum kocht, liegt darunter – wer alte Geräte besitzt, deutlich darüber. Dann zieht ein Küchenherd schon mal 600 bis 800 Kilowattstunden pro Jahr. CO_2-Bilanz beim aktuellen deutschen Strommix: 324 bis 432 Kilogramm.

Reparatur oft ökologischer als Neukauf

Da liegt es nahe, an einen Neukauf zu denken. Tatsächlich sind moderne Geräte deutlich energieeffizienter und verfügen über faszinierende Funktionen: Backöfen heizen superschnell auf, Kochfelder erkennen die Topfgröße und Kühlschränke haben Abtauautomatik und Urlaubsmodus.

Die Anschaffung rechnet sich finanziell meist schon nach wenigen Jahren. Ökologisch nicht unbedingt: Zählt man den Verbrauch an Ressourcen und die Emissionen bei Produktion und Transport mit, ist es für Umwelt und Klima oft besser, wenn man weiterhin sein altes Gerät nutzt.

Wer dagegen eine leere Küche einrichten will, sollte checken, ob Herd und Backofen überhaupt benötigt werden. Singles, die zu Hause höchstens ab und zu eine Pizza oder Brötchen aufbacken, genügt eine Mikrowelle mit Backfunktion. Wer ab und zu zeit- und energiesparend kochen will, für den reicht eventuell ein Multikocher – eine Art Hightech-Schnellkochtopf.

Für unsere CO_2-Challenge muss sich jedenfalls niemand neu ausstatten. Hier geht es darum, das eigene Verhalten zu analysieren, Schlüsse daraus zu ziehen und Gewohnheiten zu ändern – das funktioniert notfalls auch mit Uralt-Geräten.

Energiesparen im Selbsttest

Doch wie kocht man energiesparend? Und woher weiß man, wie viel CO_2 man dadurch spart? Antworten auf Frage eins finden Sie auf den folgenden Seiten. Frage zwei ist etwas komplexer. Will man nicht über längere Zeiträume mit Energie-Messgeräten hantieren, hilft nur ein Vorher-Nachher-Vergleich: Legen Sie Ihre nächste Stromabrechnung neben die letzte Abrechnung vor der Challenge. Das Ergebnis ist besonders aussagekräftig, wenn Sie bis dahin weder Herd noch Kühlschrank austauschen und keine weiteren Energiesparaktionen starten. Wer dagegen zur selben Zeit das Haus mit LED-Lampen ausstattet oder die Heizungspumpe ersetzt, wird Einsparungen kaum zuordnen können.

Der Rest ist relativ simpel: Jede weniger verbrauchte Kilowattstunde spart derzeit 0,54 Kilogramm CO_2. Am Ende teilen Sie die so ermittelte Einsparung durch die Anzahl der Haushaltsmitglieder – voilà!

BOOSTER FÜR DIE CO_2-BILANZ

-27 KILOGRAMM CO_2

Wenn Sie anstelle von Ober- und Unterhitze die Heiß- oder Umluftfunktion Ihres Backofens nutzen, können Sie die Temperatur deutlich niedriger wählen. Das spart zwischen 25 und 40 Prozent Heizenergie (Quelle: ecotopten). Macht bei einem Verbrauch von 2 Kilowattstunden (kWh) pro Stunde bei Ober- und Unterhitze eine Ersparnis von bis zu 0,8 kWh. Wer auf diese Weise pro Jahr 50 kWh weniger verbraucht, spart 27 Kilogramm CO_2. Weiterer Vorteil: Durch die gleichmäßige Wärmeverteilung bei Um- oder Heißluft lassen sich verschiedene Speisen gleichzeitig auf mehreren Ebenen garen.

-162 KILOGRAMM CO_2

Ein verschmutzter Backofen leitet die Wärme schlechter und verbraucht dadurch mehr Strom. Wie bequem, ihn automatisch reinigen zu können! Leider ist die Pyrolyse ein ausgesprochener Stromfresser. Der Vorgang verbraucht bei Temperaturen von ca. 500 Grad Celsius bis zu 6 kWh. Macht bei 50 Reinigungsvorgängen im Jahr 300 kWh! Besser ist es, leichte Verschmutzungen sofort mit etwas heißem Wasser oder umweltschonenden Reinigungsmitteln einzuweichen und mit einem Lappen wegzuwischen (Quelle: ecotopten).

Kochen und Backen mit möglichst wenig Energie

Energiesparen beginnt mit Kleinigkeiten: So sollte Ihr Kochtopf keinen verbeulten Boden haben, genau auf die Kochstelle passen und einen Deckel tragen. Allein Letzteres reduziert den Energieverbrauch auf circa ein Drittel. Am besten besteht der Deckel aus Glas – dann müssen Sie nicht ständig den Topf öffnen, um nach dem Rechten zu sehen.

Gemüse dämpfen statt totkochen

Weitere Energie sparen Sie, indem Sie Kartoffeln, Möhren, Rote Bete, Fenchel und anderes Gemüse nicht in Wasser kochen, sondern dämpfen (Rezept Seite 145). Was Sie benötigen, ist ein gelochter Einsatz für den Kochtopf – zur Not tut's auch ein Sieb. Zum Dämpfen reichen schon ein paar Zentimeter Wasser oder Brühe. Die lassen sich mit einem Bruchteil der Energie erhitzen.

Und so geht's: Deckel auf den Topf setzen, Flüssigkeit aufkochen, Temperatur reduzieren und einen Timer stellen. Faustregel: Kartoffeln benötigen etwa 30 Minuten, Karotten circa 15 und Brokkoli höchstens zehn Minuten. Praktisch nebenbei schont das Garen in heißem Dampf Vitamine und Mineralstoffe. Zudem sind Farbe und Geschmack des Gemüses intensiver.

Dünsten immer unterm Deckel

Auch das Dünsten in wenig Flüssigkeit, etwa in Gemüsebrühe, Weißwein oder dem eigenen Saft, spart Energie und schont die Nährstoffe. Wählen Sie dafür – wie übrigens generell – ein möglichst kleines Gefäß und setzen Sie einen Deckel darauf.

Fast immer können Sie auf das Vorheizen des Backofens verzichten, etwa beim Aufbacken von Brötchen. Einfach ein paar Minuten länger backen – fertig. Ohnehin ist es besser, dafür den Toaster mit Aufsatz zu nutzen. Ersparnis: bis 70 Prozent!

Genauso wenig muss jeder Braten in die Röhre. So garen Schmor- und Hackbraten energiesparender auf einem Kochfeld. Apropos: Je mehr Töpfe und Pfannen auf dem Herd im Einsatz sind, desto höher der Stromverbrauch. Was läge näher, als öfter mal Suppe oder Eintopf zu kochen?

Auch für One-Pot-Pasta ist nur ein Topf erforderlich (Rezept Seite 146). Wer das noch nie versucht hat: Dabei werden die Zutaten für das Sugo zusammen mit den Nudeln und etwas Flüssigkeit gegart. Klappt tatsächlich! Die Faustregel lautet: 500 Gramm Pasta (Kochzeit: 9 bis 11 Minuten) auf einen Liter Wasser oder Brühe und 400 Gramm gehackte Tomaten. Das Ganze alle zwei Minuten kurz umrühren und nach zehn Minuten servieren.

Auf zwei Ebenen gleichzeitig garen

Passionierte Bäcker kennen sich aus mit heißer Luft. Damit ist nicht inhaltsleeres Plaudern gemeint, sondern die Betriebsart Heiß- oder Umluft, bei der ein Ventilator die Luft im Ofen verteilt. Damit lassen sich zwei Bleche gleichzeitig backen! Ob darauf Adventsplätzchen oder Pizzen liegen oder ob man zwei verschiedene Gerichte zubereitet (Seite 147) – alles ist möglich! Wichtig ist, dass die Roste oder Bleche etwas Abstand zueinander haben, damit die Luft zirkulieren kann. Bei Öfen mit fünf Einschüben eignen sich die zweite und die vierte Ebene von oben!

SO GEHT'S BESSER

Energiesparen keine Geldfrage. Laut einer Studie der Swiss Alpine Laboratories for Testing of Energy Efficiency (S.A.L.T.) lässt sich mit einfachen Verhaltensänderungen und effizientem Kochgeschirr weitaus mehr Strom sparen als mit energieeffizienten Herd- und Kochfeldtechnologien oder Spezialgeräten.

Stromfresser Backofen. Besonders viel bringt der sparsame Einsatz des Backofens. Sehr oft lässt sich stattdessen ein Kochfeld nutzen. Dieses verbraucht nur 10 bis 20 Prozent der Energie, da in Topf oder Pfanne ein geringeres Volumen erhitzt werden muss und Aluminium und Edelstahl Wärme um ein Vielfaches besser leiten als Luft.

Mehr Druck, weniger Verbrauch. Vor allem für Speisen mit langen Garzeiten lohnt es sich, eine Isolierpfanne oder einen Dampfkochtopf zu verwenden. Dank geringer Wärmeverluste beziehungsweise hohem Druck im Inneren lassen sie sich auf niedriger Stufe betreiben, was den Energieverbrauch um rund die Hälfte reduziert. Der Dampfkochtopf gart seinen Inhalt zudem deutlich schneller.

Geräte effizient nutzen. Eier lassen sich am sparsamsten im Eierkocher garen. Kaffeemaschinen sind energieeffizient, wenn sie sich automatisch abschalten – können aber selbst dann nicht mit Wasserkochern mithalten (siehe auch Seite 161). Verwenden Sie Haushaltsgeräte möglichst lange, denn Herstellung und Transport neuer Geräte verursachen Emissionen.

CO₂-EINSPARUNG PRO PORTION

–0,4 kg

im Vergleich zu Leipziger Allerlei mit Sauce hollandaise

(→ S. 173)

Gedämpftes Allerlei auf Kräuterpolenta

0,7 KG CO_2 PRO PORTION

Zubereitung

Möhren putzen, quer halbieren und längs vierteln. Blumenkohl putzen, die Röschen abschneiden, den Stiel schälen und in Scheiben schneiden. Spargel schälen, von den holzigen Enden befreien und in mundgerechte Stücke schneiden. Zuckerschoten putzen und eventuell schräg halbieren. Die Kräuter abbrausen und trocken schütteln. Thymianblättchen in einen Topf geben, die anderen Kräuter fein hacken. Knoblauch schälen, fein hacken und zum Thymian geben.

500 ml Wasser im Wasserkocher aufkochen und mit der Gemüsebrühpaste in den Topf mit dem Thymian geben. Aufkochen, Möhren und Blumenkohl in einen Gareinsatz oder ein Sieb geben und zugedeckt im Wasserdampf ca. 15 Minuten garen. Nach 5 Minuten den Spargel, nach weiteren 5 Minuten die Zuckerschoten zufügen. Wer das Gemüse weniger bissfest mag, verlängert die Garzeit um ein paar Minuten.

Den Gareinsatz mit Deckel beiseitestellen. Haferdrink in ein Litermaß geben und mit der Kochflüssigkeit auf 350 ml auffüllen. Sollte zu wenig Flüssigkeit im Topf sein, mit Wasser auffüllen.

Haferdrink-Brühe-Mischung zurück in den Topf gießen, aufkochen und die Polenta einrieseln lassen. Mit einem Schneebesen verrühren, 2 Minuten bei geringer Hitze quellen lassen. Die Polenta mit Muskatnuss abschmecken, Margarine und Kräuter unterheben und auf zwei Teller verteilen. Das Gemüse darauf anrichten. Wer mag, streut etwas Parmesan über das Gemüse.

Für 2 Portionen

700 g gemischtes Gemüse (z. B. 2 Möhren, ½ kleiner Blumenkohl, 4 Stangen Spargel, 100 g Zuckerschoten)
2 Zweige Thymian
1 Bund Kräuter nach Geschmack (z. B. Petersilie, Basilikum, Schnittlauch, Kerbel)
1 Knoblauchzehe
1 gehäufter TL Gemüsebrühpaste
150 ml Haferdrink ohne Zucker
100 g Instant-Polenta
frisch geriebene Muskatnuss
1 EL Margarine
nach Wunsch geriebener Parmesan

Pro Portion

357 kcal, 8 g F, 53 g KH, 11 g Bst, 11 g E

Tipp:

Im Handel ist Polenta mit verschiedenen Garzeiten und dafür erforderlichen Flüssigkeitsmengen erhältlich. Achten Sie auf die Packungsanweisung.

One-Pot-Linsennudeln mit Rosenkohl

0,4 KG CO_2 PRO PORTION

Für 2 Portionen

1 große Zwiebel
300 g Rosenkohl
4 getrocknete Tomaten
1 EL Rapsöl
1 TL Paprikapulver edelsüß
400 ml Haferdrink ohne Zucker
125 g Rote-Linsen-Pasta
Salz
1 TL getrockneter Thymian
40 g geriebener Parmesan
Pfeffer
2 EL frisch geriebener Meerrettich

Pro Portion

488 kcal, 16 g F, 48 g KH, 16 g Bst, 28 g E

Zubereitung

Zwiebel schälen und in Würfel schneiden. Den Rosenkohl putzen und die Röschen je nach Größe halbieren oder vierteln. Tomaten würfeln.

Das Öl erhitzen und die Zwiebel darin glasig dünsten. Rosenkohl, Tomaten und Paprikapulver zugeben und kurz anrösten. Haferdrink, Linsennudeln, ½ TL Salz, Thymian und 100 ml kochendes Wasser aus dem Wasserkocher zufügen, aufkochen und zugedeckt ca. 10 Minuten (nach Packungsanweisung der Nudelpackung) garen. Ab und zu umrühren.

Überschüssige Flüssigkeit abgießen und auffangen. Den Parmesan unter die Nudeln rühren, mit Salz und Pfeffer abschmecken. Wer es etwas cremiger mag, rührt noch etwas Nudelwasser unter.

Pasta auf zwei Teller verteilen und mit frisch geriebenem Meerrettich servieren.

Saison:

Ganz fein mit grünem oder weißem Spargel. Dann den Meerrettich weglassen und durch frische Frühlingskräuter, z. B. Kerbel, ersetzen. Auch Mangold, Kürbis, Kohlrabi oder Fenchel bringen Abwechslung in das schnelle Pastagericht.

Resteverwertung:

Einfach noch einmal erhitzen, dabei eventuell etwas Brühe oder Haferdrink zugeben, falls die Nudeln fester geworden sind.

CO_2-EINSPARUNG PRO PORTION

-0,6 kg

im Vergleich zu Nudelpfanne **(→ S. 173)**

Saftiges Leinsamenbrot und Baba Ghanoush

0,3 KG CO_2 PRO PORTION

Zubereitung

Für das Brot Mehl in eine Schüssel geben, Hefe, Leinsamen, Essig, Buttermilch, Salz und Wasser zufügen und mit den Knethaken oder in einer Küchenmaschine gut verrühren.

Die Form mit Margarine ausfetten und mit zwei Drittel der Sesamsamen ausstreuen. Teig einfüllen, mit feuchten Händen glatt streichen und mit restlichem Sesam bestreuen.

Für das Baba Ghanoush die Auberginen putzen und die Schale mit einem spitzen Messer mehrmals einstechen. Es geht nur darum, dass der Dampf kontrolliert entweichen kann und die Aubergine im Ofen nicht aufplatzt. Die Auberginen auf eine ofenfeste Platte setzen und zusammen mit dem Brot auf dem Ofenrost auf der mittleren Schiene in den kalten Ofen schieben.

Bei 200 °C (Umluft 180 °C) 1 Stunde garen. Nach 15 Minuten das Brot mit einem Messer längs einschneiden, sodass es an dieser Stelle beim Backen aufbrechen kann. Das Brot und die Auberginen abkühlen lassen.

Für das Baba Ghanoush die Auberginen halbieren und das Fruchtfleisch mit einem Löffel herausschaben. Zusammen mit Zitronensaft, Tahin und Öl in ein hohes Gefäß geben und mit dem Schneidstab pürieren. Mit Salz, Pfeffer, Harissa und Kreuzkümmel herzhaft abschmecken. Auf frische Kräuter und Knoblauch wurde bewusst verzichtet, da beides zu einer kürzeren Haltbarkeit der Auberginencreme führt. Wird alles sofort oder am nächsten Tag gegessen, 1–2 Knoblauchzehen mitpürieren und reichlich gehackte Petersilie unter das Baba Ghanoush heben.

Saison:

Auch Sellerie und Rote Bete lassen sich gleichzeitig mit dem Brot garen. Gut z. B. für die Quiche (S. 44) oder den Rote-Bete-Kuchen (S. 168).

Für 1 Kastenform (30 cm) und ca. 500 g Baba Ghanoush

Für das Brot

- 600 g Dinkel- oder Weizenvollkornmehl
- 1 Würfel Frischhefe oder 2 Pck. Trockenhefe
- 100 g geschrotete Leinsamen
- 3 EL Essig (dunkler Balsamicoessig oder Apfelessig)
- 100 ml Buttermilch
- 1 ½ TL Salz
- 500 ml Wasser
- Margarine oder Butter für die Form
- 4 EL Sesamsamen

Für das Baba Ghanoush

- 2 Auberginen
- 40 ml Zitronensaft
- 1 gehäufter EL Tahin (Sesammus)
- 2 EL Olivenöl
- Salz, Pfeffer, Harissa, Kreuzkümmel

Pro Portion

249 kcal, 11 g F, 23 g KH, 7 g Bst, 8 g E

VORKOCHEN UND HEISS EINFÜLLEN

1. Planen Sie, was Sie in der nächsten Woche kochen wollen. Überlegen Sie sich, wie viele Portionen Sie zusätzlich benötigen, und passen Sie die Zutatenmengen in den Rezepten entsprechend an. Viele Rezeptseiten im Internet enthalten kleine Rechen-Tools, die das automatisch ausrechnen.

2. Lassen Sie heißes Wasser ins Spülbecken ein und spülen Sie damit die benötigte Anzahl Schraubdeckelgläser oder Kunststoffboxen aus. Wem das zu heiß ist, der sterilisiert die Gefäße in einem Topf mit siedendem Wasser.

3. Bereiten Sie das Gericht zu und füllen Sie die für den Vorrat vorgesehene Menge siedendheiß in die abgetropften Behälter bis knapp unter den Rand. Reinigen Sie den Rand innen und außen mit einem sauberen Lappen.

4. Schließen Sie die befüllten Behälter fest und stellen Sie sie kurz auf den Kopf. Beim Abkühlen entsteht so ein Vakuum, das den Inhalt schützt.

5. Lassen Sie die Behälter auf Zimmertemperatur abkühlen. Prüfen Sie, ob alle Gefäße immer noch dicht verschlossen sind, indem Sie sie kurz stürzen. Stellen Sie die Behälter in den Kühlschrank.

6. Vor dem Essen erhitzen Sie jedes Gericht gründlich, sodass es richtig heiß wird, aber nicht mehr siedet.

Geplanter Überschuss statt wilder Reste

Bereit? Dann hier etwas Angeberwissen aus der Physik: Mit steigender Menge an Gargut sinkt der spezifische Energiebedarf: Wer einmal 1 000 Gramm statt zweimal 500 Gramm Nudeln kocht, spart Strom. Das ist zunächst nur Theorie, denn wer isst schon ein Kilo Pasta?

Doch angenommen, Sie haben zu großzügig kalkuliert oder hatten keinen rechten Appetit. Jedenfalls haben Sie eine Menge Nudeln übrig. Ihre Kinder lieben kalte Pasta? Thema erledigt. Doch was, wenn nicht – und der Rest nicht für ein weiteres Gericht reicht? Essen Sie ihn trotzdem oder werfen Sie ihn weg – und die gesparte Energie gleich mit?

Planvoll auf Vorrat kochen

Wir drehen das Prinzip um: Statt aus Versehen Reste zu produzieren, die niemand will, machen wir es wie die Profis in der Gastronomie: Wir kochen absichtlich größere Mengen und können unsere Lieblingsgerichte so noch einmal genießen. Oder wir kombinieren Teile davon neu.

Haltbar gemacht werden die „Überhänge" mit Hitze: Das Essen wird noch heiß in sterilisierte und dicht schließende Schraubdeckelgläser oder flache Vorratsdosen gefüllt und mit einem Deckel versehen. Nach dem Abkühlen wandert alles in den Kühlschrank. Bei 6 bis 8 Grad hält sich der Inhalt mindestens eine Woche. Tipps zum richtigen Einfüllen und Transport finden Sie übrigens ab Seite 106.

Das Vorkochen bringt mehrere Vorteile: Der erste hat nichts mit Klimaschutz zu tun, sondern mit Zeit. Was könnte fixer gehen, als morgens einfach eine Dose aus dem Kühlschrank zu nehmen und sich später im Büro deren Inhalt aufzuwärmen?

Aufwärmen ist kein Hexenwerk

Damit einher geht Vorteil zwei: Stellen Sie es richtig an, benötigt Aufwärmen weniger Energie als Kochen – aber nur dann. Kleinere Mengen, wie im Beispiel mit der Vorratsdose im Büro, erwärmt man am besten in der Mikrowelle. Diese erhitzt das Essen von innen. Energieverlust? Gering.

Den Backofen nutzen Sie besser nicht zum Aufwärmen – er ist träge und ineffizient. Auch der Elektroherd mit Infrarotstrahlung ist nicht der Burner: Indem er zuerst Kochfeld, dann Kochgeschirr und erst zum Schluss das Essen erhitzt, verpulvert er viel Energie. Effizient sind Gas und Induktion – bei größeren Portionen kommt Induktion sogar an die Mikrowelle heran.

Zum Aufwärmen eignen sich Suppen, Eintöpfe und Aufläufe, gegartes Gemüse, Schmorgerichte und Saucen sowie warme Nachtische wie Grießbrei.

Salat essen – Energie sparen

Vorteil drei: Viele Speisen müssen gar nicht aufgewärmt werden. Aus übriger Pasta lässt sich ohne Mühe – dafür mit Gemüse, ein paar Kürbis- oder Sonnenblumenkernen und einem schnellen Dressing – ein Salat machen. Dasselbe funktioniert mit Reis und anderen Getreidesorten sowie Hülsenfrüchten, aber auch mit Hühnchen und Garnelen. Auch super: Die durch Vorkochen und Nicht-wieder-Aufwärmen eingesparte Energie schlägt voll auf die eigene Klimabilanz durch!

BOOSTER FÜR DIE CO_2-BILANZ

-15 KILOGRAMM CO_2

Das Garen von Kartoffeln im Backofen im Modus Ober- und Unterhitze gilt als die am wenigsten effiziente Zubereitungsmethode. Würde man sich zum Beispiel 35-mal pro Jahr jeweils 500 Gramm Ofenkartoffeln gönnen, hätte das einen Energieverbrauch von 33,8 Kilowattstunden (kWh) zur Folge. Dieselbe Menge Kartoffeln, genauso oft im Dampfkochtopf auf einem Induktionskochfeld gegart, ließe sich bereits mit 5,4 kWh zubereiten.

-16 KILOGRAMM CO_2

Wer eine Filterkaffeemaschine besitzt, deren Warmhalteplatte sich nicht automatisch abschaltet, sollte das manuell erledigen und den Kaffee zum Warmhalten in eine Isolierkanne umfüllen. Steht die Kanne eine Stunde am Tag auf der Warmhalteplatte, benötigt das Kaffeekochen pro Jahr 55 Kilowattstunden (kWh). Bei täglich jeweils nur 20 Minuten im Warmhaltemodus sinkt der Verbrauch auf 33 kWh – was beim derzeitigen Strommix einer CO_2-Einsparung von 12 Kilogramm CO_2 entspricht. Die sparsamste Methode besteht darin, Kaffee mit siedendem Wasser aus dem Wasserkocher in eine Isolierkanne zu filtern. Spareffekt: 16 Kilogramm CO_2 (Quellen: S.A.L.T., Umweltbundesamt).

Kürbissuppe mit gebratenem Paneer

0,3 KG CO_2 PRO PORTION

Für 6 Portionen

- **60 g Ingwer**
- **3 Zwiebeln**
- **1 Hokkaido-Kürbis (ca. 1,6 kg)**
- **4 EL Rapsöl**
- **1,2 l Gemüsebrühe + eventuell etwas mehr**
- **20 g Kürbiskerne**
- **100 g Paneer (indischer schnittfester Frischkäse)**
- **1–2 EL Apfel- oder Weinessig**
- **Salz, Pfeffer**
- **2 TL Kürbiskernöl**
- **½ Schale Kresse**

Pro Portion

488 kcal, 29 g F, 33 g KH, 7 g Bst, 20 g E

Zubereitung

Den Ingwer schälen und fein hacken oder reiben. Zwiebeln schälen und würfeln. Den Kürbis waschen und von unschönen Stellen, Blüten und Stielansatz befreien. Halbieren, die Kerne mit einem Löffel aus den Kürbishälften heben und das Fruchtfleisch würfeln.

3 EL Öl in einem Topf erhitzen und Ingwer und Zwiebeln darin andünsten. Kürbis und Gemüsebrühe zugeben und zugedeckt ca. 20 Minuten garen, bis der Kürbis weich ist.

In der Zwischenzeit die Kürbiskerne in einer beschichteten Pfanne ohne Fett anrösten, bis sie fein duften. Auf einen Teller geben und abkühlen lassen. Paneer würfeln. Das restliche Öl erhitzen und Paneer rundherum ca. 3 Minuten knusprig braten.

Die Suppe mit einem Schneidstab pürieren. Sollte sie zu dickflüssig sein, etwas mehr Gemüsebrühe zugeben. Mit Essig, Salz und Pfeffer abschmecken und zweimal zwei Portionen Suppe kochend heiß in Schraubgläser füllen, die Gläser zudrehen und abkühlen lassen.

Die restliche Suppe und Paneer in tiefe Teller füllen, das Kürbiskernöl darüberträufeln und mit Kürbiskernen und Kresse bestreut servieren.

Saison:

Die Suppe schmeckt im Frühling mit Pastinaken, im Sommer mit Brokkoli und im Winter mit Steckrüben.

Resteverwertung:

Die Suppe mit Kartoffelstückchen, Kichererbsen und TK-Spinat anreichern und mit Curry abschmecken.

Davon können Sie an 22 Tagen je fünf Minuten Haare fönen.

CO_2-EINSPARUNG PRO PORTION

-1,5 kg

im Vergleich zu Kürbissuppe mit Sahne und Würstchen
(→ S. 173)

Schummel-Deal

Hausbesitzer, die ihr Wasser mit Sonnenergie erwärmen, verursachen deutlich weniger CO_2. So emittiert eine Gasheizung mit Solarspeicher und thermischer Solaranlage über 20 Jahre gegenüber einer herkömmlichen Gastherme 6,6 Tonnen CO_2 weniger – spart also 330 Kilogramm im Jahr. Das ist in etwa dieselbe Menge, die ein Mittelklasseauto auf einer Strecke von 2200 Kilometern ausstößt! Das soll jedoch kein Persilschein zum Autofahren sein: Jeder nicht gefahrene Kilometer senkt die persönliche Bilanz um durchschnittlich 0,15 Kilogramm.

Fermentieren: Wenn's blubbert und zischt

Ob Einfrieren, Einkochen oder Einlegen – Lebensmittel lassen sich auf vielfältige Weise haltbar machen. Leider benötigen manche Verfahren richtig viel Energie. Das schlägt sich nieder – auf der Stromrechnung und in der Klimabilanz.

Doch Haltbarmachen geht auch ohne Energiezufuhr. Methoden wie Pökeln, Zuckern und Trocknen sind zwar etwas aus der Mode gekommen. Dafür erlebt das Fermentieren eine Wiedergeburt. Das ist nicht nur etwas für hippe Sterneköche – das kann jeder bei sich zu Hause.

Am beliebtesten ist die „wilde Fermentation" von Gemüse durch Milchsäuregärung. Das Gemüse wird dadurch nicht nur monatelang haltbar – es liefert uns tolle Aromen und wertvolle Inhaltsstoffe. Sauerkraut ist ein bekanntes Beispiel, koreanisches Kimchi – fermentierter Chinakohl – ein derzeit äußerst populäres. Übrigens: Nicht nur Sojasauce, Miso und Tempeh sind fermentierte Produkte, sondern auch Bier, Joghurt und Sauerteig.

Wenige Zutaten, wenig Aufwand

Wer Gemüse selbst wild fermentieren will, braucht lediglich ein oder mehrere größere Drahtbügelgläser, Salz (zum Beispiel unraffiniertes Meersalz), Wasser und Gemüse.

„Fermentierbar" sind nahezu alle Sorten, wobei sich die härteren besser eignen, da sie ihre Struktur behalten. Probieren Sie's mal – von Kohl, Rüben und Kürbis über Sellerie, Gurke und Kohlrabi bis hin zu Zwiebeln, Schalotten und sogar Blumenkohlblättern (siehe Rezept Seite 155)!

Und die Milchsäurebakterien? Die sind zum Glück immer schon da – nicht nur auf unserer Haut, sondern unter anderem auch auf der Oberfläche des Gemüses. Wenn sie nicht gerade fermentieren, dann verhindern sie die Entwicklung von krankmachenden Bakterien und Fäulniserregern.

Salz gegen unerwünschte Mikroben

Und jetzt der Clou: Beim Fermentieren muss das Ferment, also das kleingeschnittene oder -gehobelte Gemüse, in einer zweiprozentigen Salzlake liegen – zumindest Pi mal Daumen. Das Salz hemmt die Vermehrung unerwünschter Bakterien und zieht Pflanzensaft aus dem Gemüse. Wie Sie vorgehen, steht in der Spalte rechts.

Unter Sauerstoffabschluss laufen die Bakterien zu Hochform auf und bauen die im Gemüse enthaltenen Kohlenhydrate zu Milchsäure ab. Diese wiederum konserviert das Ferment, macht es weicher und verleiht ihm seinen einzigartigen säuerlich-erfrischenden Geschmack.

Da die Milchsäuregärung bei Zimmertemperatur problemlos in Gang kommt, ist keinerlei Stromzufuhr erforderlich. Manche Sorten sind bereits nach wenigen Tagen fertig fermentiert – bei anderen, etwa Weißkohl, dauert der Prozess länger. Bis die Bakterien ihn zu Sauerkraut vergoren haben, vergehen vier bis sechs Wochen.

Irgendwann hat dann das Warten ein Ende: Um die Gärung zu stoppen, verfrachten Sie das Gemüse in den Kühlschrank. Oder Sie essen es einfach auf. Wer fit in Chemie ist, weiß: Beim Fermentieren entweicht CO_2 in die Luft – jedoch so geringe Mengen, dass wir sie für unsere Klimabilanz ignorieren können.

GEMÜSE FERMENTIEREN

1. Als Erstes schälen beziehungsweise waschen Sie das Gemüse. Anschließend schneiden Sie es in Würfel, Scheiben oder Spalten in der gewünschten Größe oder hobeln es. Je feiner die Stücke, desto weicher sind sie später.

2. Geben Sie die Gemüsestücke in eine Schüssel und fügen Sie pro Kilogramm Gemüse 20 Gramm Salz hinzu. Kneten Sie das Gemüse mit den Händen kräftig durch und lassen Sie es für eine halbe Stunde stehen. Nach dieser Zeit sollte das Salz dem Gemüse Saft entzogen haben.

3. Füllen Sie Gemüse und Saft in ein großes Glas mit Drahtbügelverschluss und verdichten sie die Füllung dabei immer wieder mit einem Kochlöffel. Das Glas sollte so weit gefüllt sein, dass nicht mehr als drei Zentimeter Luft unterm Rand bleiben.

4. Legen Sie ein Fermentiergewicht zuoberst, das das Gemüse unter die Lake drückt. Reicht die Flüssigkeit nicht aus, stellen Sie aus Wasser und Salz weitere zweiprozentige Lake her und gießen so viel davon ins Glas, dass das Gemüse bedeckt ist.

5. Schließen Sie das Glas (Gummiring nicht vergessen) und stellen Sie es auf einen tiefen Teller, für den Fall, dass mit dem Gärgas auch Flüssigkeit entweicht. Lassen Sie die Fermentation bei Zimmertemperatur beginnen. Sehen Sie Blasen aufsteigen und zischend entweichen, ist alles in Ordnung. Nach zwei bis drei Tagen stellen Sie das Glas wenn möglich in einen kühleren Raum, wo der Inhalt bei idealerweise circa 18 Grad fertiggären kann.

Spicy fermentierte Blumenkohlblätter

0,02 KG CO_2 PRO PORTION

Zubereitung

Blumenkohlabschnitte waschen, die Blätter trocken schütteln und in dünne Streifen schneiden, den Strunk grob raspeln. Blumenkohl in eine Schüssel geben und dabei abwiegen. Möhren putzen und ebenfalls raspeln. Den Blumenkohl mit Möhrenraspeln auf 500 g Menge auffüllen. Chilischote putzen und in feine Ringe schneiden.

Die Gemüsestreifen und -raspel mit Chili so in zwei (z. B. mit heißem Wasser) sterilisierte Schraubgläser füllen, so dass oben noch 2–3 cm Platz ist. 500 ml Wasser mit dem Salz mischen, bis es sich gelöst hat. Das Salzwasser über das Gemüse gießen. Wichtig ist, dass alles unter Wasser ist, sonst schimmelt es.

Das Gemüse in einem kühlen Raum (Schlafzimmer/Keller) 3–6 Tage abgedeckt, aber nicht verschlossen fermentieren lassen. Dabei bilden sich kleine Bläschen und es duftet leicht säuerlich. Nach dieser Zeit die Gläser zudrehen und im Kühlschrank bis zu 6 Monate aufheben. Mit sauberem Holz- oder Kunststofflöffel Teilmengen entnehmen, das Gemüse immer mit Sud bedeckt halten.

Für 2 Gläser à ca. 400 ml, ca. 8 Portionen

Blätter und Strunk von 1 großen Blumenkohl
2–3 Möhren
1 kleine rote Chilischote
8 g Salz (ohne Jod)

Pro Portion
20 kcal, 0 g F, 2 g KH, 2 g Bst, 1 g E

Tipp:

Profis benutzen Fermentiergewichte, um alles unter Wasser zu drücken. Auch gut: Ein Kohlblatt oder eine große Zwiebelscheibe oben auf das Gemüse geben und mit einem Gewicht beschweren. Dazu eignet sich z. B. ein kleines, mit Wasser oder Steinen gefülltes Schraubglas. Die Gläser in eine Auflaufform stellen, mit einem sauberen Tuch bedecken und dieses mit einem Gummi fixieren.

Resteverwertung:

Die fermentierten Blumenkohlblätter schmecken fantastisch als Beilagensalat, zu Gegrilltem und als saftiger Belag für Sandwiches.

SO GEHT'S BESSER

Frucht- statt Gemüsesuppe. Pürierte Gurke oder Tomate ist nicht jedermanns Geschmack. Wer keine kalte Gemüsesuppe mag, kann es mit einer Fruchtsuppe probieren, auch Kaltschale genannt – eine sämige Kaltspeise auf Basis von Obst, (Butter-)Milch oder Joghurt, die sich ebenfalls ohne Kochen herstellen lässt. Auch Kaltschalen enthalten eine Einlage, zum Beispiel Obst- oder Zwiebackstückchen.

Roh oder nicht roh? Die meisten Gemüsesorten lassen sich roh verwenden. Dazu gehören Süßkartoffeln, Fenchel, Rote Bete und Spargel. Nur kurz gegart werden sollte Brokkoli, damit Mineralstoffe wie Kalzium, Magnesium und Eisen nicht flöten gehen. Karotten sind zwar roh essbar – Experten empfehlen jedoch, sie ebenfalls kurz zu kochen. So löst sich das Beta-Karotin besser aus den Pflanzenzellen und kann vom Körper aufgenommen werden. Nicht roh essen sollten Sie Auberginen, Kartoffeln und unreife Tomaten sowie grüne Bohnen und Rhabarber.

Schale besser dranlassen. Direkt unter der Schale von Äpfeln, Birnen, Gurken und vielen anderen Sorten sitzen die meisten Vitamine und Ballaststoffe. Wer die Schale dranlässt, vermeidet Abfall und tut seiner Gesundheit etwas Gutes. Ist die Schale hart oder beschädigt – zum Beispiel bei länger gelagerten Möhren –, kann man gut auf sie verzichten.

Cooler Sommer-Hit: Heute gibt's kalte Suppe!

Brennt die Sonne vom Himmel, sorgen Gemüse und Obst für Erfrischung, sie sind Energie- und Flüssigkeitsspender in einem. Das funktioniert nicht nur in fester Form zum Abbeißen, sondern auch als Suppe! Ein Sommer-Klassiker ist die berühmte Gazpacho aus Tomaten und Paprika.

Genauso erfrischend und lecker wie das andalusische Original ist eine kalte Gurkensuppe. Es gibt sie in erstaunlich vielen Varianten – ob cremig mit Avocado, würzig mit gehackten Gartenkräutern oder fruchtig-spritzig mit Nektarine wie in unserem Rezept auf Seite 158. Sie alle haben eines gemeinsam: Der Herd bleibt aus.

Nur ein paar Runden im Mixer

Werden die Zutaten roh verarbeitet, bleiben zum einen Vitamine, Ballaststoffe und Mineralien vollständig erhalten – zum anderen peppt der Verzicht aufs Kochen, Dämpfen oder Dünsten die Ökobilanz auf. Was es braucht, um aus festen und flüssigen Zutaten eine homogene Suppe zu zaubern, sind lediglich ein, zwei Minuten Rotation im Standmixer oder ein kurzer Einsatz des Pürierstabes.

Den vollen Geschmack und die meisten Inhaltsstoffe liefern reifes Obst und Gemüse. Dagegen enthalten viele grüne, unreife Früchte viel Stärke, deren Gehalt bei der Reifung abnimmt, während der Gehalt an Traubenzucker (Glukose), Fruchtzucker (Fruktose) und Saccharose ansteigt. Erst zum Ende des Reifungsprozesses werden auch die sekundären Pflanzenstoffe gebildet. Dies lässt sich daran erkennen, dass die Früchte Farbe bekommen. Der grüne Blattfarbstoff Chlorophyll wird zum Beispiel bei Tomaten durch Lykopin ersetzt, bei Möhren bringen Karotinoide Farbe ins Spiel. Zudem bauen viele Sorten während ihrer Reifung Gerbstoffe ab. Vormals saure oder bittere Früchte werden auf diese Weise süßer und aromatischer.

Gemüse nachreifen lassen

Wer keinen Garten hat und den Erntezeitpunkt nicht selbst bestimmen kann, sollte beim Einkauf auf den Reifegrad achten. Das gilt in erster Linie für Sorten, die nach der Ernte nicht nachreifen. Dazu zählen Gurken, Paprika und Auberginen sowie Beerenobst, Weintrauben und Zitrusfrüchte. Dagegen reifen zum Beispiel Tomaten und Avocados auf natürliche Weise nach.

Der Reifung auf die Sprünge helfen lässt sich, indem man das Gemüse zusammen mit Obstsorten lagert, die das Reifegas Ethylen ausdünsten, zum Beispiel Äpfel, Aprikosen, Nektarinen und Bananen. Nach ein paar Tagen enthält das Gemüse zwar immer noch weniger Vitamine und sekundäre Pflanzenstoffe als vollreif geerntetes – aber mehr als unreife Ware.

Reife-Turbo mit Rückschlagrisiko

Vorsicht: Ethylen ist ein echter Reife-Turbo! Wer nicht aufpasst, produziert in Rekordtempo verfaulte Früchte – und weggeworfene Lebensmittel sind bekanntlich herbe Rückschläge für die persönliche Klimabilanz. Übrigens: Kalte Suppen lassen sich aus vielen Gemüse- und Obstsorten herstellen – zum Beispiel aus Roter Bete, Erbsen oder Paprika, aus Kirschen, Aprikosen oder Wassermelone!

Schummel-Deal

Waschen Sie Kleidungsstücke nicht heißer als nötig. Ein Zwei-Personen-Haushalt, in dem die Waschmaschine regelmäßig mit 40 statt mit 60 Grad läuft, spart pro Jahr bis zu 33 Kilogramm CO_2 – also rund 16 Kilogramm pro Nase. Das entspricht etwa acht Buletten aus Rinderhack. Weitere Energie spart, wer konsequent die Eco-Programme seiner Maschine nutzt (Quelle: Rat für Nachhaltige Entwicklung).

Kalte Gurken-Nektarinen-Suppe

0,2 KG CO_2 PRO PORTION

Für 2 Portionen

1 Gurke
1 große vollreife Nektarine
2 Stiele Basilikum oder Minze
2–3 EL Essig
Salz, Pfeffer
1 EL Walnüsse
1 TL Fenchelsamen (oder Inhalt von 1 Beutel Fencheltee)
½ TL Chiliflocken
2 TL Sesamöl

Pro Portion

150 kcal, 9 g F, 12 g KH, 3 g Bst, 3 g E

Zubereitung

Gurke und Nektarine waschen, Nektarine entsteinen. Beides nach Wunsch schälen und grob würfeln. Basilikum abbrausen, trocken schütteln und Blättchen abzupfen. Gurke und Nektarine mit Basilikum, Essig, Salz und Pfeffer fein pürieren und bis zum Servieren kalt stellen.

Walnüsse hacken und mit Fenchelsamen und Chiliflocken mischen. Die Suppe auf zwei Teller verteilen, Walnuss-Fenchel-Mischung daraufgeben und mit Sesamöl beträufelt servieren.

Saison:

Im Winter schmeckt eine kalte Suppe aus Feldsalat und Orangen(saft) – wenn man sich im Winter für kalte Suppe erwärmen kann.

Resteverwertung:

Mit Banane und Mineralwasser zum Smoothie aufmixen.

BOOSTER FÜR DIE CO_2-BILANZ

-40

KILOGRAMM CO_2

Angenommen, Sie bringen jeden Tag dreimal jeweils einen Liter Wasser zum Kochen. Tun Sie das mithilfe eines leichten 2-Liter-Flötenkessels auf einem Glaskeramik-Kochfeld mit Infrarotstrahlung („Ceran-Kochfeld"), verbrauchen Sie pro Jahr 200 Kilowattstunden Energie. Beim derzeitigen Strommix entspricht das einer Emission von 108 Kilogramm CO_2. Dieselbe Menge Wasser, dreimal am Tag mit einem Wasserkocher zum Sieden gebracht, sorgt im Jahr für 68 Kilogramm CO_2 (Quellen: Stiftung Warentest, Umweltbundesamt).

-146

KILOGRAMM CO_2

Während ein Liter stilles Mineralwasser einen „Carbon Footprint" von reichlich 0,2 Kilogramm aufweist, begnügt sich ein Liter Leitungswasser mit 0,00035 Kilogramm CO_2 – also rund 580-mal weniger (Quelle: GUTcert). Wer die empfohlenen 1,5 Liter Wasser am Tag trinkt, kommt folglich mit stillem Mineralwasser auf 110 Kilogramm jährlich, mit Leitungswasser lediglich auf 0,2 Kilogramm CO_2. Das Einsparpotenzial beträgt damit 109 Kilogramm pro Jahr – wer zwei Liter schafft, bringt es sogar auf 146 Kilogramm!

Wasser kochen auf die effiziente Art

Ihre Fähigkeiten am Herd sind überschaubar? Selbst Fertigpizza aufzubacken ist nicht so Ihr Ding? Kein Problem, Sie sind nicht allein. Viele Betroffene bündeln das in der Aussage, sie könnten „nur Wasser" kochen. Und meinen damit: Das kann jeder. Kulinarisch gesehen ist da etwas dran: Wasser kann nicht anbrennen, höchstens überkochen oder verdunsten.

Aus Klimasicht sieht das anders aus. Längst nicht jede Zeitgenossin ist in der Lage, Wasser „richtig", das heißt: energiesparend, zu erhitzen. Da wir siedendes Wasser jedoch häufig brauchen, sei es zum Aufbrühen von Tee oder Kaffee, zum Kochen von Eiern und Nudeln sowie zum Dämpfen oder Dünsten von Gemüse, können sich Stromverschwendung und damit Treibhausgas-Emissionen summieren. Hier lässt sich also leicht CO_2 einsparen!

Maschine effizienter als Mensch

Wie geht man am besten vor? Zunächst die Basics: Wer beim Kochen – unter anderem von Wasser – Energie sparen will, benötigt ein geschlossenes Kochgefäß, eine möglichst effiziente Wärmequelle und muss obendrein Stärke und Dauer der Energiezufuhr regeln. Klingt komplex? Ist es auch. Kein Wunder, dass Maschinen das besser können als Menschen – zumal es in kaum einem Kochbuch erklärt wird.

Wer eine Kaffee- oder Espressomaschine sowie einen Eier- und einen Wasserkocher besitzt, ist bereits gut ausgestattet. Die Bedingung lautet: Die Geräte müssen sich nach getaner Arbeit von selbst ausschalten. Tun sie das nicht, kann es teuer werden – und klimaschädlich! Wie Schweizer Forscher bereits 2012 im Auftrag der Elektrizitätswerke Zürich und des World Wide Fund (WWF) herausfanden, sorgen Kaffeemaschinen, deren Warmhalteplatten sich nicht automatisch abschalten, für einen erheblichen Mehrverbrauch.

Der Wasserkocher schlägt sie alle

Auch die Stiftung Warentest hat vor einiger Zeit mit verschiedenen Methoden Wasser auf 95 Grad erhitzt und dabei Energieverbrauch und Zeit gemessen. Am effizientesten war – der elektrische Wasserkocher!

In Sachen Energieverbrauch konnte lediglich das Induktionskochfeld mithalten, gefolgt vom Infrarot-Kochfeld. Am Ende des Feldes lagen die inzwischen veraltete gusseiserne Herdplatte, die Mikrowelle – und der Gasherd, der Wasser zwar relativ zügig zum Sieden brachte, jedoch jede Menge Energie verschwendete.

Unterschiede bei der Effizienz von Kochfeldtypen ergeben sich vor allem beim Aufheizen – je länger die Kochdauer beziehungsweise Warmhaltezeit, desto stärker nähern sich die Verbräuche einander an.

Energiezufuhr ratzfatz reduzieren

Genauso wichtig wie der Kauf effizienter Geräte ist sparsames Nutzungsverhalten: Falls Sie doch Wasser auf dem Herd kochen, wählen Sie das kleinste mögliche Kochfeld und schalten Sie es aus, sobald das Wasser siedet. Noch besser allerdings ist es, konsequent den Wasserkocher zu nutzen – auch beim Kochen und Backen! Wenn Sie ihn regelmäßig entkalken, verlängert sich zudem seine Lebensdauer.

ARMATUREN IM FOKUS

Siedendes Wasser aus dem Hahn. Kaffee aufbrühen, Fertiggerichte zubereiten, Gemüse blanchieren – Heißwasserarmaturen liefern siedendes Wasser aus dem Hahn. Das ist bequem – vor allem, wenn es schnell gehen muss. Außerdem benötigen die Armaturen keinen Platz auf der Arbeitsfläche, der Tank versteckt sich darunter.

Wasserkocher effizienter. Aus Öko-Sicht spricht jedoch vieles gegen solchen Luxus: Um das Wasser ständig am Siedepunkt zu halten, muss Energie aufgewendet werden. Das lohnt sich im Vergleich zum Wasserkocher nur, wenn man pro Tag mindestens 15 Liter siedendes Wasser zapft – von den Emissionen bei Herstellung und Transport sowie den happigen Anschaffungskosten einmal abgesehen.

Sprudel ohne Schleppen. Ökologisch auszahlen kann sich eine sogenannte Soda- oder Sprudelarmatur. Sie wird an die Trinkwasserleitung angeschlossen und versetzt das Wasser mit Kohlensäure. Hochwertige Produkte filtern dieses auch und erlauben das Einstellen der Kohlensäuremenge. Im Vergleich zu Mineralwasser spart man Emissionen und lästiges Kistenschleppen. Wird das Wasser in der Armatur jedoch gleichzeitig gekühlt, steigt der Energiebedarf rapide. Unser Tipp: Wer es weniger mondän braucht, für den ist ein Wassersprudler eine günstige und klimafreundliche Lösung.

Getränke: Leitungswasser mit idealer CO_2-Bilanz

Manche CO_2-Bilanz will genau gelesen sein: So hat ein Kilogramm Kaffee stolze 5,6 Kilogramm CO_2 im Gepäck. Gemeint ist jedoch nicht die Flüssigkeit, sondern das Pulver – und das reicht für bis zu 16 Liter! Unser liebster Muntermacher ist also doch kein Klimakiller – achten Sie hier eher auf Bio-Anbau und fairen Handel. Für fertige Getränke gilt: Mehrweg geht vor Einweg, Glasflaschen sind nur bei regionalen Getränken okay, ansonsten sind Plastikflaschen und Verpackungen aus Verbundkarton besser. Wer viel Leitungswasser trinkt, muss sich um all das nicht kümmern – die „Rohrperle" punktet mit der Traumbilanz von 0,0!

CO_2-EINSPARUNG
PRO PORTION
-0,3 kg
im Vergleich zu
Risotto alla milanese
(→ S. 173)

Staudensellerie-Graupotto

0,4 KG CO_2 PRO PORTION

Zubereitung

Zwiebel und Knoblauch schälen und fein würfeln. Staudensellerie putzen, von den harten Fasern befreien und in dünne Scheiben schneiden. Die Blätter beiseitelegen. Ca. 600 ml Wasser im Wasserkocher aufkochen.

Öl in einem Topf erhitzen, Zwiebel, Knoblauch und Selleriescheiben darin glasig dünsten. Die Perlgraupen zufügen und ebenfalls kurz andünsten.

Einen Teil vom heißen Wasser und 1 TL Gemüsebrühpaste zugeben und unterrühren. Bei halb aufgelegtem Deckel 25–30 Minuten garen. Ca. alle 5 Minuten etwas weiteres Wasser und den Rest Gemüsebrühpaste unterrühren. Dabei auch auf dem Topfboden entlangfahren, damit nichts anbrennt.

Kurz bevor das Graupotto gar ist, die Zitrone heiß abwaschen, trocken tupfen, die Schale abreiben und den Saft auspressen. Die Staudenselleriеblätter fein hacken.

Frischkäse unter das Graupotto ziehen und mit Zitronensaft, Salz und Pfeffer abschmecken. Zitronenabrieb und Staudenselleriegrün unterheben und mit Sonnenblumenkernen bestreut z. B. mit einem frischen Salat (z. B. Lollo rosso) servieren.

Für 2 Portionen

1 Zwiebel
1 Knoblauchzehe
150 g Staudensellerie mit Grün
2 EL Rapsöl
125 g Perlgraupen
2–3 TL Gemüsebrühpaste
½ Bio-Zitrone
30 g Frischkäse
Salz, Pfeffer
2 EL Sonnenblumenkerne

Pro Portion

469 kcal, 19 g F, 54 g KH, 5 g Bst, 14 g E

Saison:

Graupotto schmeckt immer: im Sommer z. B. mit Spargel, im Winter mit Lauch und im Frühling mit Spinat.

Resteverwertung:

1–2 EL Lupinenmehl unterrühren und in Rapsöl kleine Puffer ausbacken.

BOOSTER FÜR DIE CO_2-BILANZ

-9

KILOGRAMM CO_2

Ein halbwegs moderner Backofen in einem 3-Personen-Haushalt benötigt pro Jahr im Schnitt ca. 100 Kilowattstunden. Durch das Weglassen des Vorheizens, den Verzicht auf zwischenzeitliches Öffnen sowie konsequentes Nutzen der Restwärme lassen sich rund 50 Prozent der Energie sparen – und damit rund 27 Kilogramm CO_2. Macht pro Person immerhin 9 Kilogramm. (Quellen: HEA, Umweltbundesamt)

-41

KILOGRAMM CO_2

Laut einer Studie des TÜV Rheinland entstehen bei einem durchschnittlichen Grillabend mit acht Personen zwischen 17,5 und 18 Kilogramm CO_2. Das entspricht in etwa einer Autofahrt über 120 Kilometer. Für die Klimabilanz spielt es kaum eine Rolle, ob man den Grill mit Holzkohle, Gas oder Strom befeuert. Zu 95 Prozent entscheiden darüber die Lebensmittel, die man darauf legt. Die größten Klimasünder sind Grillsteak und Grillkäse. Wer auf Würstchen und Schweinefleisch ausweicht, spart 20 Prozent Emissionen. Am klimafreundlichsten grillt man pflanzliche Produkte aus der Region auf einem mit Ökostrom betriebenen Elektrogrill. Einsparpotenzial bei 20 Grillabenden im Jahr: 330 Kilogramm CO_2 – pro Person immerhin 41 Kilogramm!

Backofen ausschalten – Restwärme nutzen

Beeindruckend, wie gut so ein Backofen die Hitze speichert. Sind Braten oder Auflauf fertig und öffnet man die Ofentür, strömt jede Menge heiße Luft heraus. Noch Minuten später ist es im Ofen (und der Küche) meist noch beeindruckend heiß. Diese Restwärme, die wir nicht selten zum Fenster hinauslüften, lässt sich mit ein wenig Vorbereitung gezielt nutzen.

Grundsätzlich existieren dafür zwei Varianten: Entweder wir stellen die Energiezufuhr rechtzeitig vor Ende des Garprozesses ab und lassen das Essen in der Restwärme möglichst „punktgenau" fertiggaren. Oder wir gehen auf Nummer sicher, lassen den Ofen bis zur letzten Minute eingeschaltet und nutzen die Restwärme anschließend für einen anderen Zweck.

Variante 1: Ofen früher ausschalten

Diese Methode erfordert etwas Erfahrung, bietet jedoch den Vorteil, dass der Backofen nicht geöffnet werden muss, um das Gargut herauszunehmen. Folglich geht dabei auch keine Energie verloren.

Der Knackpunkt besteht darin, den Ofen zum richtigen Zeitpunkt auszuschalten. Das wiederum hängt von der bisherigen Gardauer, der Temperatur im Inneren und dem verwendeten Kochgeschirr ab. Einem Braten, der in einem geschlossenen Bräter bei 180 Grad für eine Stunde garen soll, können Sie getrost nach 50 Minuten den Saft abdrehen und sparen so circa 15 Prozent Energie – ohne dass das Fleisch an Geschmack oder Konsistenz Schaden nehmen würde. Faustregel:

Ab 40 Minuten Backdauer reicht die Restwärme für mindestens zehn Minuten!

Wer seinen neuen Ofen noch nicht richtig kennt oder dessen Energie komplett nutzen will, tastet sich am besten heran, indem er die Restwärme zunächst nur für 5, dann für 10 und beim nächsten Mal eventuell sogar für 15 Minuten nutzt.

Klar: Niemand will einen unfertigen Kuchen auf dem Tisch stehen haben. Deshalb gilt es, eher kleine Schritte zu wählen und das jeweilige Ergebnis genau zu prüfen! Besser am Anfang ein paar Minuten Restwärme verschenken, als ein halbgares Essen zu riskieren. Klar ist außerdem: Wer den Ofen erneut aufheizen muss, verkehrt die Sparbemühung ins Gegenteil!

Variante 2: Restwärme separat nutzen

Variante zwei: Wer es vorzieht, den Backofen erst nach Ende des Garprozesses auszuschalten, sollte sich vorher überlegen, was er mit der Restwärme machen will – und den Energieverlust durch möglichst kurzes Öffnen der Ofentür begrenzen.

Auf diese Weise ist es zum Beispiel möglich, gewürfelte Brotreste auf einem Blech für Semmelknödel oder Croûtons zu rösten oder einen Topf mit Milch zu erwärmen. Auch für das Überbacken eines Auflaufs und das Ausbacken einfacher Plätzchen in circa 15 Minuten sollte die Resthitze im Ofen genügen.

Übrigens: Auch auf Infrarot-Kochfeldern entsteht Restwärme. Diese lässt sich wie im Backofen zum Erhitzen von Milch oder Wasser verwenden. Und sollte die Temperatur nicht für eine Tasse Tee reichen, können Sie das warme Wasser immer noch zum Geschirrspülen verwenden!

SO GEHT'S BESSER

Richtig auftauen. Auch wenn Ihr Backofen eine Auftaufunktion hat – garen Sie darin nach Möglichkeit ausschließlich frische und bereits aufgetaute Lebensmittel. Das spart bis zu 60 Prozent Energie. Muss schnell mal etwas aufgetaut werden, dann füllen Sie einen Kochtopf mit 60 Grad heißem Wasser (das entspricht ungefähr heißem Leitungswasser) und legen Sie das Gargut in einem Gefrierbeutel verpackt für circa 20 Minuten hinein. Ansonsten gilt: Tiefgefrorene Lebensmittel am besten über Nacht im Kühlschrank auftauen lassen. Ausnahme: TK-Gemüse gibt man einfach gefroren ins Kochwasser.

Effizient backen. Verwenden Sie Auflaufformen aus beschichtetem Aluguss, Emaille, hitzebeständigem Glas oder anderen nicht reflektierenden Materialien. Damit lassen sich bis zu 35 Prozent Energie einsparen. Edelstahl und Aluminium reflektieren die Wärme wie ein Spiegel. Am besten bleibt die Backofentür während des Garens geschlossen, sonst gehen bis zu 25 Prozent der Energie verloren. Beobachten Sie den Back- bzw. Bratprozess durch die Glastür des Ofens. Nehmen Sie nicht genutzte Roste und Bleche während des Betriebs aus dem Backofen – sonst müssen auch diese aufgeheizt werden. Spareffekt: bis zu 20 Prozent (Quellen: HEA/ Hausgeräte+).

Veganer Rote-Bete-Kuchen

0,1 KG CO_2 PRO PORTION

Für 1 Springform (Ø 24 cm), 12 Stücke

- **3 EL geschrotete Leinsamen**
- **400 g vorgegarte Rote Bete**
- **8 EL Haferdrink ohne Zucker**
- **20 ml starker Espresso oder Kaffee (ersatzweise 2 EL Haferdrink mehr verwenden)**
- **150 g Weizenmehl Type 405 oder Dinkelmehl Type 630**
- **150 g Dinkel- oder Weizenvollkornmehl**
- **130 g Zucker**
- **5 EL Kakaopulver**
- **1 Pck. Backpulver**
- **1 Prise Salz**
- **145 g Margarine**
- **2 EL Puderzucker zum Bestreuen**

Pro Portion

279 kcal, 12 g F, 33 g KH, 4 g Bst, 5 g E

Zubereitung

Leinsamen mit 9 EL Wasser verrühren und einige Minuten quellen lassen. Rote Bete, Haferdrink und Espresso pürieren.

Beide Mehlsorten, Zucker, Kakao, Backpulver und Salz in einer Schüssel vermengen. 140 g Margarine, Leinsamen und Rote-Bete-Püree zugeben und gut mischen.

Die Form mit der restlichen Margarine fetten, den Teig einfüllen und bei 180 °C (Umluft 160 °C) 1 Stunde backen. Vorheizen ist nicht nötig. Den Ofen ausstellen und den Kuchen weitere 10 Minuten im noch heißen Ofen stehen lassen. Dann herausnehmen, abkühlen lassen und mit Puderzucker bestreut servieren.

Tipp:

Meist reichen die Margarinenreste, die am Verpackungspapier haften, um eine Kuchenform zu fetten.

Rote Bete kann, ebenso wie Aubergine (S. 147), gleichzeitig mit Brot, Kuchen oder Aufläufen im Ofen gegart werden. Ungeschält bei 180–200 °C braucht sie ca. 1 Stunde. Wenn man ein spitzes Messer ohne nennenswerten Widerstand hineinstechen kann, sind die Knollen gar. Abgekühlt kann man sie ganz leicht schälen, am besten mit Gummihandschuhen.

Saison:

Rote Bete ist nahezu das ganze Jahr frisch erhältlich. Nur im Mai und Juni könnte es keine frischen Knollen geben. Eingeschweißte, vorgegarte Rote Bete ist das ganze Jahr über erhältlich und auch ungekühlt lange haltbar.

CO_2-EINSPARUNG
PRO PORTION
-0,2 kg
im Vergleich zu
klassischem Schoko-
kuchen (→ S. 173)

Anhang und Register

An dieser Stelle finden Sie alle Informationen zu den einigen unserer Rezepte zugrunde liegenden Originalrezepten sowie ein Register zum schnellen Auffinden bestimmter Themen und Stichwörter.

REFERENZ-GERICHTE

Viele der Rezepte in diesem Buch, zum Beispiel das Hähnchen Stroganoff und der vegane Kaiserschmarren, sind klimafreundliche Varianten beliebter Originale. Klimafreundlich – das heißt: Wo immer möglich, haben wir die Menge tierischer Zutaten reduziert oder diese durch pflanzliche Zutaten ersetzt. Daraus resultiert dann die jeweils angegebene CO_2-Ersparnis. Um unser Vorgehen transparent zu machen, listen wir an dieser Stelle sämtliche Originalzutaten auf, die wir in den klimafreundlichen Rezepten vorn im Buch ersetzt oder weggelassen haben. Die CO_2-Bilanzen aller Zutaten haben wir mithilfe der Datenbank der Firma Eaternity (Internet: eaternity.org) ermittelt. Die CO_2-Ersparnis der klimafreundlichen Variante ergibt sich jeweils, wenn man deren CO_2-Bilanz von der des Originalgerichts abzieht (Angaben jeweils pro Portion).

Verweis S. 19: „Gefüllte Paprikaschoten mit Hackfleisch" (1,5 kg CO_2 pro Portion)

450 g Hackfleisch statt 100 g Sojaschnetzel

30 g Butterschmalz statt 3 EL Rapsöl

1–2 Eier statt 1 EL Süßlupinenmehl

Verweis S. 21: „Hähnchen-Saté" (1,3 kg CO_2 pro Portion)

1 EL Butterschmalz + 1 EL Öl statt 2 EL Rapsöl

300 g Hähnchenfleisch statt 200 g geräucherter Tofu

Verweis S. 24: „Buletten aus Rinderhack" (1,7 kg CO_2 pro Portion)

300 g Rinderhack statt 400 g braune Champignons

30 g Butterschmalz statt 3 EL Rapsöl

1 Ei statt 2 EL Süßlupinenmehl

Verweis S. 27: „Rinderfilet Stroganoff" (8,9 kg CO_2 pro Portion)

150 g Champignons statt 350 g Champignons

100 g Creme fraîche statt 3 EL saure Sahne

300 g Rinderfilet statt 200 g Hähnchenbrustfilet

20 g Butterschmalz statt 2 EL Rapsöl

Verweis S. 35: „Kartoffel-Rindfleisch-Curry" (3,3 kg CO_2 pro Portion)

300 g Rindersteak statt 1 Dose Kichererbsen

Verweis S. 36: „Burger-Pattys aus Rinderhack" (1,4 kg CO_2 pro Portion)

250 g Rinderhack statt 1 Dose Kidneybohnen

ohne Hafer- und Hefeflocken und ohne Süßlupinenmehl

Verweis S. 43: „Kaiserschmarren klassisch"
(0,8 kg CO_2 pro Portion)

2 Eier, 200 ml Milch, 50 g Butter statt 180 ml Haferdrink, 1 TL Backpulver, ½ TL Natron, 1 TL Apfelessig oder Zitronensaft, 5 EL Mineralwasser und 4 EL Rapsöl

Verweis S. 44: „Quiche klassisch"
(0,5 kg CO_2 pro Portion)

80 g Butter statt 80 g Margarine

Eierguss aus 3 Eiern, 200 g Creme fraîche, 100 g Käse (z. B. Emmentaler) statt Seidentofuguss

Verweis S. 57: „Blaubeermuffins klassisch"
(0,2 kg CO_2 pro Portion)

1 EL Butter statt 1 EL Margarine

100 g Butter statt 10 EL Rapsöl

2 Eier statt 4 EL Apfelmark

150 ml Milch statt 150 ml Mineralwasser

ohne 2 TL Flohsamenschalen

Verweis S. 58: „Marmorkuchen klassisch"
(0,4 kg CO_2 pro Portion)

4 Eier statt 120 g Haferdrink

250 g Butter statt 100 g Rapsöl

100 g Milch statt 100 g Mineralwasser

Verweis S. 75: „Pasta mit Speck und Parmesan"
(0,7 kg CO_2 pro Portion)

zusätzlich 80 g Bacon + 20 g Parmesan

125 g Brokkoli statt 350 g Brokkoli

125 g Fenchel statt 200 g Fenchel

200 g Pasta statt 100 g Pasta

Verweis S. 85: „Schweinekotelett"
(2,9 kg CO_2 pro Portion)

250 g Schweinekotelett statt 200 g Schweinenacken

Verweis S. 93: „Chili con Carne"
(1,6 kg CO_2 pro Portion)

250 g gemischtes Hack statt 60 g Sojaschnetzel

1 Dose Mais statt 1 Maiskolben

2 EL Creme fraîche statt 2 EL Naturjoghurt

ohne Sojasauce, Apfelessig

Verweis S. 105: „Mango-Chutney"
(0,4 kg CO_2 pro Portion)

2 Mangos statt 2 Birnen

Verweis S. 109: „Clubsandwich"
(1,9 kg CO_2 pro Portion)

100 g Hähnchenbrustfilet

zusätzlich 6 Scheiben Speck (60 g), 2 Eier, 1 EL Butter, 6 Scheiben Toastbrot, 100 g Tomate, 30 g Salat, 40 g Mayonnaise

ohne Aubergine, Sojasauce/Mirin, Rapsöl, Sprossen

Verweis S. 112: „Couscous mit Lammfleisch"
(1,5 kg CO_2 pro Portion)

200 g Lammfleisch statt 50 g rote Linsen

Verweis S. 123: „Semmelknödel klassisch"
(1,0 kg CO_2 pro Portion)

1 Ei statt 2 EL Süßlupinenmehl

150 ml Milch statt 150 ml Hafermilch

20 g Butter statt 2 EL Rapsöl

150 ml Sahne statt 2 EL Mandelmus

Verweis S. 128: „ Schweinefleisch süß-sauer aus dem Wok" (3,5 kg CO_2 pro Portion)

zusätzlich 300 g Schweinefilet

150 g Rotkohl statt 250 g Rotkohl

150 g Rosenkohl statt 250 g Rosenkohl

100 g Pastinaken statt 250 g Pastinaken

Verweis S. 131: „Ossobuco alla milanese" (7,7 kg CO_2 pro Portion)

1,5 kg Kalbshaxe statt 750 g Kalbshaxe

250 g Möhren statt 500 g Möhren

200 g Staudensellerie statt 400 g Staudensellerie

Verweis S. 138: „Bowl mit Hähnchen und Reis" (1,6 kg CO_2 pro Portion)

300 g Hähnchenbrustfilet statt 140 g Hähnchenbrustfilet

100 g Reis statt 350 g Blumenkohl

ohne 200 g Nusstofu

Verweis S. 145: „Leipziger Allerlei mit Sauce hollandaise" (1,1 kg CO_2 pro Portion)

400 g Kartoffeln statt 100 g Instant-Polenta, 1 TL Gemüsebrühe + 150 ml Haferdrink

zusätzlich 80 g Butter, 1 Eigelb + 4 EL Weißwein

Verweis S. 146: „Nudelpfanne" (1,0 kg CO_2 pro Portion)

125 g Eiernudeln statt 125 g Rote-Linsen-Pasta

300 ml Milch und 100 ml Sahne statt 400 ml Haferdrink

Verweis S. 150: „Kürbissuppe mit Sahne und Würstchen" (1,8 kg CO_2 pro Portion)

2 Wiener Würstchen (ca. 140 g) statt 100 g Paneer

zusätzlich 300 ml Sahne

Verweis S. 165: „Risotto alla milanese" (0,7 kg CO_2 pro Portion)

20 g Butter statt 2 EL Rapsöl

125 g Reis statt 125 g Perlgraupen

30 g Parmesan statt 30 g Frischkäse

Verweis S. 168: „Klassischer Schokokuchen" (0,3 kg CO_2 pro Portion)

2 Eier statt 2 EL geschrotete Leinsamen

8 EL Milch statt 8 EL Haferdrink

145 g Butter statt 145 g Margarine

STICHWORT-REGISTER

A

Aufstriche 60f, 63
Auftauen 88f, 89, 92, 167
Aufwärmen 116, 149
Auto 10, 27, 71, 74, 92, 102, 126f, 152, 166
Avocado 13, 72, 96, 113, 127, 156f

B

Backen 45, 52f, 66, 141ff, 160, 166f
Backofen 10, 92, 133, 141ff, 149, 166f
Bio-Fleisch 82f
Bio-Siegel 46f
Bio-Ware 74, 127
Butter 17, 41, 45, 66, 121, 156

C

Carbon Footprint 9ff, 53, 89, 160
CO_2-Äquivalente 9
CO_2-Bilanz 6, 10f, 18, 22, 63, 66, 74, 77, 83, 85, 94, 102, 114, 141, 162f, 171
CO_2-Kompensation 72, 121, 127
Crowdbutching 133f, 139

D

Dämpfen 142,156, 160

E

Eier 9, 52f, 71, 95, 113, 143, 160
Einkaufen 10, 12f, 71, 74, 95, 115
Einwegbecher 107
Einweggeschirr 38, 106
Einwegverpackungen 102
Eisenmangel 23
Emissionen 6, 9f, 14, 26, 29ff, 39, 41, 48, 53, 63, 66f, 71ff, 76, 83, 88f, 92, 95, 102f, 106f, 115ff, 121, 126, 133f, 137, 141, 143, 160, 166
Energiesparen 9ff, 141ff, 160
Erderwärmung 9, 41

F

Fairtrade 13, 47
Fermentieren 74, 152f
Fertigprodukte 49, 60, 95, 103
Fisch 71, 88f, 95, 97, 113, 115, 121, 132, 139
Fix-Produkte 102
Fleischersatz 22f, 26, 33
Fleischkonsum 11f, 17
Flugware 73f, 89
Fußabdruck 6, 9ff, 49, 53, 67, 97, 126, 140

G

Gefriertruhe 95, 134, 139
Getreide 11, 18, 22, 26, 33, 48f
Gewächshaus 71, 73, 96
Greenwashing 121
Grillen 38f, 102, 132, 166

H

H_2O-Fußabdruck 13
Herkunft 48, 67, 71f, 74, 89, 127
Herstellung 9f, 13, 30, 40f, 63, 66, 71, 89, 103, 143, 161
Hülsenfrüchte 18, 22f, 26, 30ff, 37, 61, 97, 113

I

Importware 72f
Insektenfleisch 23
In-vitro-Fleisch 26

K

Käse 11ff, 17, 23, 38, 40f, 60f, 95, 106, 121, 166
Kaffee 13, 32, 47, 149, 160ff
Klimaschutz 11, 13, 17, 30, 66, 72, 77, 113, 125, 127, 132, 148
Klimawandel 8f, 28, 88
Kohlendioxid 9f, 48, 88, 127
Konserven 31, 53, 63, 92, 121
Kühlschrank 92, 115, 117, 141, 148, 153, 167

L

Lebensmittelabfälle 115, 117
Legehennen 52f
Leitungswasser 160, 162f, 167

M

Margarine 45, 66, 95
Massentierhaltung 53
Meeresfrüchte 88f
Mehrweg 32, 107, 125, 163
Methan 9f, 40f, 48, 83, 126
Mikrowelle 95,106, 141, 149, 161
Milchprodukte 11, 17, 41, 61, 71, 82, 115, 121
Mindesthaltbarkeitsdatum 115, 121
Mineralwasser 160ff

N

Nährstoffe 17, 22f, 31, 49, 142

O

Öle 45, 66f, 103

P

Pflanzendrinks 40
Pflanzliche Alternativen 18, 41, 66
Plastik 63, 95, 102, 124ff, 163
Protein 22f, 26, 31, 33, 37, 40, 88, 127

R

Region, aus der 66, 71f, 74, 77, 83, 89, 127, 166
Regional-Kiste 72
Reifegrad 157
Reis 9, 41, 45, 48f, 121, 126, 149
Reste 106, 115ff, 121, 148, 167
Rindfleisch 12f, 22, 31, 38, 71
Rohkost 94, 96f